Hausaufgaben für Patienten

Herausgegeben von
Jürgen Buchbauer

Dieses Buch widme ich meinen kleinen Patienten und deren Eltern, von denen ich in den letzten Jahrzehnten so viel lernen durfte.

Bibliografische Information der Deutschen Nationalbibliothek
Die Deutsche Nationalbibliothek verzeichnet diese Publikation in der Deutschen Nationalbibliografie; detaillierte bibliografische Daten sind im Internet über http://dnb.d-nb.de abrufbar.

Bestellnummer 1522

2. Auflage 2023

Zeichnungen: Andrea Hegener
Fotos: siehe Abbildungsverzeichnis Seite 70

Erschienen als Band 12 der Buchreihe „Hausaufgaben für Patienten"

Druck und Verarbeitung: Medienhaus Plump GmbH, Rheinbreitbach
Printed in Germany · ISBN 978-3-7780-1522-3

Inhaltsverzeichnis

Vorwort des Herausgebers der Buchreihe

Die Buchreihe „Hausaufgaben für Patienten" richtet sich an die Betroffenen und deren Angehörige.

Im vorliegenden Band 12 handelt es sich um „Hausaufgaben für Patienten mit ADS/ADHS".

Die Autorin Andrea Hegener, Ergotherapeutin und Elterntrainerin gibt mit diesem Buch die Erfahrung von 30 Jahren therapeutischer Arbeit mit Kindern und deren Eltern an Sie weiter.

ADS ist die Abkürzung für das Aufmerksamkeitsdefizitsyndrom oder -störung. ADHS steht für eine zusätzliche hyperaktive Störung.

Dieses Werk zeigt Ihnen, wie Sie beispielsweise eine Konfliktlösung durch Deeskalationsstrategien herbeiführen können. Dazu erklärt Ihnen die Autorin die Grundregeln, die Sie ihrem Kind spielerisch, aber doch beherzt und konsequent beibringen können. Rituale und Regeln dienen der Ordnung und helfen, die Deeskalation zu festigen. Ähnlich dem sportlichen Training, ohne deren Regeln und Ziel kein Erfolg erreicht werden kann.

Das Besondere an diesem Buch ist, dass häufige Krisensituationen aus dem Alltag beschrieben und gleichzeitig praktikable Lösungsvorschläge gemacht werden. Für die Umsetzung wünsche ich dem Kind und seinen Eltern viel Erfolg und Energie, so dass der Lebensweg in die richtigen Bahnen gelenkt wird.

Jürgen Buchbauer
Sportlehrer und Physiotherapeut
Heilpraktiker für Physiotherapie

Vorwort

Diese Hausaufgaben lasse ich mir gefallen, denn sie sind bedacht, erprobt und bewährt.

Andrea Hegener gibt uns die Hausaufgaben, die wir gerade jetzt brauchen und die wir schaffen können: Das sind die häufigsten Sorgen und Probleme im familiären Bereich bei Aufmerksamkeitsdefizit, Hyperaktivitätsstörung und Impulsivität.

Andrea Hegener zeigt uns eine Haltung, die sie als Ergotherapeutin über 30 Jahre entwickelt hat, die ihre Klienten schätzen und die Kinder lieben: Diese Haltung zeigt Verständnis für die Betroffenen, Verantwortung für Begleitung von Familien und Kinder, verständliche Sprache, klare Struktur und bewährte Lösungsangebote. Wir lesen diese Haltung in den Kapitel-Überschriften: Deeskalation, Kooperation, Hilfsmittel, Interesse, Regeln, Lösung, Freunde, Geschwister, starke Eltern und zuletzt auch Dank.

Diese Hausaufgaben sind wissenschaftlich auf dem aktuellsten Stand, orientieren sie sich doch an den im Mai 2018 veröffentlichten Leitlinien zur Behandlung von AD(H)S, nachdem sie beforscht und überarbeitet wurden. Die deutschen Leitlinien (AWMF) und die europäischen (NICE) bewerten die Effizienz von Maßnahmen, d. h. welche Hilfen häufiger helfen. Auf Grundlage von Effizienz geben die Leitlinien dann Empfehlungen heraus: Die erste Empfehlung sind psychosoziale Interventionen durch geschulte Trainer. Die Interventionen bei AD(H)S sollen im problematischen Lebensbereich umgesetzt werden. Mit den Hausaufgaben haben wir Material um Trainer zu schulen, aber auch um das Geschulte in den Lebensbereichen anzuwenden.

In den „Hausaufgaben für Eltern von Kindern mit ADS/ADHS“ wird alles beschrieben, was wir in der Therapie und Beratung 1000-mal erklärt haben und noch 1000-mal erklären müssen. Denn was in Erziehung und Training oft hilfreich ist, Familien und Kinder entlastet und weiterbringt, können wir nicht oft genug sagen – für Berater und Eltern ist es eine Freude, dass es das jetzt auch zum Weitergeben und Nachlesen gibt.

Von diesem Buch werden viele Eltern profitieren und viele Kinder mit AD(H)S werden sich besser orientieren können.

Dr. med. T. Kettling
Facharzt für Kinder- und Jugend-
Psychiatrie und -psychotherapie
Systemischer Lehrtherapeut (SG)

1 Einleitung

Seit vielen Jahren arbeite ich als Ergotherapeutin mit großen und kleinen Patienten und deren Eltern alleine oder in Gruppen.

Diese Zeit hat mir viele Erkenntnisse darüber gebracht, wie sich große und kleine Menschen entwickeln können. Ich durfte erstaunliche Veränderungen und Entwicklungen begleiten. Diese Erfahrungen möchte ich weitergeben.

Dieser Ratgeber soll ein schnelles Nachschlagewerk sein für gestresste oder ratlose Eltern. Er soll eine Hilfe sein für Eltern, die im ganz normalen „Wahnsinn" des Erziehungsalltags innehalten und einen Tipp brauchen.

Er soll Eltern dienen, deren Kinder einen erhöhten „Erziehungsbedarf" haben: unruhige Kinder, impulsive Kinder, unaufmerksame Kinder, vergessliche Kinder, Kinder, die mit alltäglichen Ritualen schlecht zurecht kommen, Kinder, die sich nicht gut alleine beschäftigen können, Kinder, die ständig Rückmeldung brauchen.

Viele Eltern kamen in meine Praxis, weil ihre Kinder im Alltag schwer zu führen waren. Bei manchen gab es morgens beim Aufstehen und Anziehen bereits die ersten Kämpfe, auch Zähneputzen und Frühstück wurde verweigert. Das Anziehen der Schuhe und pünktliches Aus-dem-Haus-Gehen zeigte sich ebenfalls dauerhaft problematisch.

Andere Kinder ließen ihre Eltern nicht telefonieren oder mischten sich ständig in ein laufendes Gespräch ein.

Viele Eltern litten unter dem Verlauf von Mahlzeiten: die Kinder fielen hierbei auf durch Zappeln auf dem Stuhl, aufstehen während der Mahlzeit, durch permanentes Reden, Dinge auf dem Tisch umwerfen.

Bei den Schulkindern gab es meist eine unerfreuliche Hausaufgabensituation: diese waren in der Schule nicht aufgeschrieben oder nur unvollständig notiert worden.

Eltern erzählten, dass der Beginn der Hausaufgaben ein andauerndes, oft stundenlanges Herauszögern darstellte.

Viele Eltern beschrieben auch, dass ihre Kinder stark ablenkbar waren und sofort aufsprangen und die Aufgaben abbrachen, wenn das Telefon oder die Türklingel läutete.

Bei der Durchführung der Hausaufgaben zeigte sich ein schlechtes Durchhaltevermögen, vor allem, wenn die Aufgabe länger dauernde geistige Anstrengung erforderte.

Schwierig wurde die Situation vor allem, wenn das Schreiben aus grafomotorischen Gründen schwer fiel und es viele schriftliche Hausaufgaben gab.

Einige Eltern berichteten über vergessliche Kinder, die überall ihre Sachen, z. B. Schulsachen, Sportsachen oder das Fahrrad liegen ließen.

Für die meisten Mütter und Väter war auch die abendliche Zeit des Ins-Bett-Gehens belastend. Sie beschrieben Familiendramen, wenn es um das Ausziehen, Waschen und Zähneputzen ging.

Viele Kinder standen immer wieder auf oder brauchten etwas. Sie kamen einfach nicht zur Ruhe und ihre Eltern damit auch nicht.

So kamen viele Eltern erschöpft und Rat suchend in die Elterntrainingsgruppen oder zum Einzelgespräch.

In den Gruppen konnten sie zu ihrer Erleichterung feststellen, dass genau diese schwierigen und kräftezehrenden Alltagsprobleme auch in anderen Familien an der Tagesordnung waren.

Damit wurde für die Eltern klar: es gibt Kinder, die schwierig zu führen sind, es handelt sich dabei nicht um eine „Schuld" der Eltern. Das Kind bringt das Thema mit in die Welt.

Eine große Erleichterung war bei allen Eltern zu spüren, wenn diese „Schuldfrage" geklärt war und sie feststellten, dass sie mit ihren Problemen nicht alleine sind.

Wie oft hatten die Erziehungsberechtigten schon Ratschläge von den eigenen Eltern oder anderen Mitgliedern der Familie anhören müssen: „Ihr macht das falsch. Ihr müsst das anders machen." Auch Nachbarn und Freunde hatten gut gemeinte Ratschläge gegeben.

Dabei zeigte sich im Gruppengespräch oft, dass bei gleichem Erziehungsstil der Alltag mit Geschwisterkindern mühelos funktionierte.

Damit wurde klar, dass diese Eltern gute Erziehungskompetenzen hatten. Und damit wurde auch offensichtlich, dass bei dem deutlich erhöhten Erziehungsbedarf dieser temperamentvollen und liebenswerten Kinder Eltern neue Ideen zur Bewältigung des Alltags brauchten.

Bisherige Erziehungsideen waren an ihre Grenzen geraten, die Familienmitglieder zunehmend genervt und gereizt.

So wurden in etlichen Stunden durch Gespräche, Rollenspiele, Selbstbeobachtungsprotokolle und Videoaufnahmen neue Verhaltensweisen ausprobiert.

Daraus entstanden ganz allmählich neue Alltagsrituale, neue Arten der Kommunikation, neue Erfahrungen, die allen Beteiligten Mut machten, auf diesem Weg weiterzugehen.

Die Lösungen waren immer individuell, so wie wir Menschen es sind.

Im Folgenden habe ich etliche dieser Ideen aufgeschrieben, vielleicht passt die eine oder andere zu Ihnen und kann brenzlige Situationen entschärfen. Vielleicht dient sie auch dazu, das Familienleben neu zu ordnen.

Hiermit meine ich, dass es sinnvoll sein kann, eine oder mehrere Familienregeln aufzustellen, die für eine Weile gelten, bis sie überholt sind und durch neue ersetzt werden.

Damit Sie die Tipps gut finden können, sind sie nach Situationen geordnet. So können Sie im Bedarfsfall schnell nachschlagen.

Viel Freude und Glück wünsche ich Ihnen bei Ihrer verantwortungsvollen Aufgabe der Kindererziehung!

2 Grundlagen und Hilfsmittel

2.1 ADS/ADHS – was ist das?

- ADS – die Abkürzung steht für das Aufmerksamkeitsdefizitsyndrom, oder Aufmerksamkeitsdefizitstörung.
- Bei ADHS liegt zusätzlich noch eine hyperaktive Störung vor.

Zur Diagnostik benutzt der Arzt die Kriterien des ICD-10 oder des DSM-5.

In unterschiedlicher Ausprägung treten folgende Symptome auf:

2.1.1 Unaufmerksamkeit

Kind hat Schwierigkeiten, die Aufmerksamkeit längere Zeit beim Spielen oder bei Aufgaben zu halten. Scheint häufig nicht zuzuhören. Kann in Tätigkeiten so versinken, dass es von den Dingen um sich herum nichts mitbekommt (Hyperfokus).

Beschäftigt sich nicht oder nur widerwillig mit Aufgaben, die länger andauernde geistige Anstrengung erfordern. Ist bei Alltagstätigkeiten vergesslich und unmotiviert.

Achtet nicht auf Einzelheiten, macht Flüchtigkeitsfehler.

2.1.2 Hyperaktivität

Kind wirkt wie getrieben, läuft herum, klettert in Situationen, in denen dies unpassend ist. Zappelt auf dem Stuhl herum. Macht Grimassen und Geräusche.

Hat Schwierigkeiten ruhig zu spielen.

2.1.3 Impulsivität

Kind redet häufig übermäßig viel und kann dies auch nach Aufforderung nicht kontrollieren.

Unterbricht und stört andere. Handelt spontan ohne nachzudenken. Kann nur schwer warten, bis es an der Reihe ist. Bekommt bei „Kleinigkeiten" Wutanfälle.

Zusätzliche Probleme können Störungen der Wahrnehmung, Motorik, Schreibmotorik und eine LRS (Lese-Rechtschreib-Schwäche) sein. Diese gehören jedoch nicht zu Diagnose ADS. Sie können begleitend auftreten.

Die Diagnose wird vom Kinder-/Jugendarzt oder Kinder-/Jugendpsychiater gestellt. Auch in einem Sozialpädiatrischen Zentrum kann eine Diagnosestellung erfolgen.

Die Diagnostik erstreckt sich über etliche Termine und beinhaltet auch Fragebögen mit Verhaltensbeobachtung an das Umfeld: Eltern, Therapeuten, Kindergarten und Schule.

ADS „verwächst" sich nicht, die Symptome und ihre Ausprägung können sich im Jugend- und Erwachsenenalter lediglich etwas verändern.

Ein multimodaler Therapieansatz hilft am besten.

Therapien können sein:
- Ergotherapie
- Verhaltenstherapie
- Pharmakotherapie
- Elterncoaching

Bei begleitenden Symptomen ist es wichtig, auch diese zu behandeln, z. B. mit Ergotherapie oder Lerntherapie.

Eine enge Kooperation zwischen Therapeuten, Kindergarten, Schule und Eltern ist wünschenswert, um eine optimale Versorgung des Kindes zu gewährleisten. Die Qualität der Kooperation hat direkte Auswirkungen auf den Erfolg der Behandlung des Kindes.

2.2 Konfliktlösung durch Deeskalation

Was heißt das?

Es ist die Möglichkeit, einen Konflikt möglichst ruhig und gewaltfrei, d. h. ohne Schreien oder körperliche Gewalt zu lösen.

Situation des Kindes

Ein Kind mit ADS kann sich in vielen Lebenssituationen, vor allem aber bei unerwarteten oder frustrierenden Situationen schlecht zurückhalten. Es geht schnell „in die Luft". Es kann sein Verhalten nicht kontrollieren und platzt ohne nachzudenken sofort heraus, rennt weg oder schlägt unkontrolliert zu. Ein kleiner Anlass, den andere für eine Nichtigkeit halten, genügt.

Situation des Erwachsenen

Dieses Verhalten macht Erwachsene im besten Fall ratlos, meistens aber ärgerlich bis wütend. Ein ratloser und wütender Erwachsener neigt dazu, Drohungen auszusprechen oder Strafen zu verhängen. Auch wenn sich diese später als sinnlos oder schwer durchführbar herausstellen, müssen sie natürlich durchgeführt werden, um keine falschen Signale für das Kind zu setzen. Der Erwachsene ärgert sich über sich selbst, eine solche Drohung überhaupt ausgesprochen zu haben.

Besser ist es, vor dem Zurückbrüllen oder der Drohung kurz nachzudenken und etwas anderes zu machen.

Es gibt drei „Grundregeln“ im Umgang mit Menschen, die sich schlecht kontrollieren können, in diesem Fall das Kind.

1. Gehen Sie aus dem Blickkontakt. Ein tiefer Blick in die Augen bringt Emotionen hervor. Dies ist ungünstig bei einem Kind kurz vor dem Wutanfall.
2. Senken Sie die Stimme, das heißt Ihre Stimme wird etwas tiefer, um nicht schrill zu klingen. Eine schrille Stimme ruft auf der anderen Seite ungewollte Emotionen hervor.
3. Verändern Sie Ihre körperliche Position und treten Sie neben das Kind. Meistens stehen wir dem Kind gegenüber. Das macht Druck und schürt Emotionen. Also stellen oder setzen Sie sich am besten neben das Kind. Erwachsener und Kind schauen dann beide in die gleiche Richtung, z. B. beide auf die Schularbeiten, die Grund zur Aufregung geben.

Diese drei Veränderungen in Ihrem Verhalten werden oft eine Eskalation verhindern. Sie müssen nur daran denken es zu tun. Probieren Sie es aus!

Kinder wundern sich dann meistens, dass ihre Eltern auf einmal so ruhig bleiben und werden selbst auch wesentlich ruhiger.

2.3 Kooperation mit Erziehern und Lehrern

Bei Kindern mit herausforderndem Verhalten ist es besonders wichtig, dass alle in seinem Umfeld an einem Strang ziehen.

Um dem Kind einen klaren und sicheren Rahmen zu geben, in welchem es erfolgreich agieren kann, ist es unablässig, dass Eltern das Gespräch mit Erziehern und später mit den Lehrern suchen.

Hier ist einfühlsame Aufklärungsarbeit erforderlich.

Es ist günstig, wenn diese Erziehungspersonen um die Stärken und Schwächen des Kindes gut Bescheid wissen. Manchmal helfen schon kleine Veränderungen im Klassenraum, um dem ADS-Kind zu helfen.

Gemeinsame Treffen und Kommunikationshefte sind die Grundlage für eine effektive Zusammenarbeit zum Wohle des Kindes.

Die meisten Erzieher und Lehrer sind froh, wenn sie Tipps und Unterstützung durch die Eltern, manchmal auch durch Therapeuten erfahren, denn diese Personen kennen das Kind sehr gut. Gemeinsam lassen sich für das z. B. hyperaktive Kind Bewegungsmöglichkeiten im Rahmen vom Kindergarten oder der Schule finden.

Es lohnt sich besonders bei Problemen gleich das Gespräch zu suchen und gemeinsam Lösungen zu erarbeiten. Je praktischer, desto besser.

Schuldzuweisungen lohnen sich nicht. Sie sind nicht lösungsorientiert.

Falls das Kind in die Ergotherapie geht, kann auch die Ergotherapeutin Ideen zur besseren Alltagsbewältigung in Kindergarten oder Schule beitragen. Dies setzt das Einverständnis der Eltern voraus.

2.4 Hilfsmittel

2.4.1 Karten/Fotokarten

Wenn Tagesabläufe sehr schlecht gespeichert werden, und das Kind immer wieder an Alltägliches erinnert werden muss, eignen sich Fotokarten. Dies sind Bilder, auf denen Abläufe oder Situationen aus dem Alltag des Kindes zu sehen sind.

Lassen Sie mich Ihnen dazu von einer Erfahrung bei einer Reise durch Island erzählen: In einem öffentlichen Hallenbad begab ich mich vor dem Besuch des Beckens in die Dusche. Dort gab es in jedem Duschabteil an der Wand jeweils eine große Schautafel, auf der ein Strichmännchen abgebildet war. Dieses Strichmännchen hatte fünf rot markierte Flächen am Körper mit dem Hinweis, genau diese Stellen mit Seife zu waschen. Dreimal dürfen Sie raten, welche Stellen das waren. Genau! Achseln, Füße, Intimbereich.

Ich denke, diese Idee lässt sich sehr gut im Alltag eines unkonzentrierten Kindes umsetzen: Große deutliche Bilder oder Fotos erinnern an das, was sonst vergessen wird.

Für jüngere Kinder werden es gemalte oder fotografierte Bilder sein, bei größeren kann auch einmal ein geschriebenes Schild Abhilfe schaffen. In unserer digitalen visuellen Welt ist jedoch dem Foto immer der Vorzug zu geben.

Um das Kind ohne Worte an eine abgemachte Regel zu erinnern, eignet sich auch die gelbe und die rote Karte – zwei handliche Papierkarten in gelb und rot. Diese Idee stammt natürlich vom Fußballplatz und wird sehr gut verstanden.

Diese gelben und roten Papierkarten liegen am besten in mehrfacher Ausführung in der Wohnung, damit der Erwachsene sie gleich zur Hand hat.

Wozu diese vielen Karten? Sie könnten das Kind doch mündlich erinnern?

Natürlich können Sie das. Jedoch ist es gerade bei impulsiven und oppositionellen Kindern ein Risiko, eine mündliche Erinnerung auszusprechen. Sie bewirkt oft sofortigen Widerspruch des Kindes. Darauf erwidert der Erwachsene etwas – der Beginn einer Auseinandersetzung.

Da wirkt eine Karte wesentlich neutraler und bringt viel weniger unerwünschte Diskussionen.

Es ist nur eine Karte, die kurz und prägnant gezeigt wird.

Manche Familien benutzen auch ein akustisches Signal – wie z. B. eine kleine Klangschale, um wortlos an eine Vereinbarung zu erinnern.

Natürlich ist es etwas Arbeit, diese Karten herzustellen, aber vielleicht macht es auch allen Spaß, sie gemeinsam zu basteln.

2.4.2 Punkteplan

Das Einprägen täglicher Abläufe ist beim Kind mit Aufmerksamkeitsproblemen stark erschwert. Es kann diese „langweiligen" Dinge ganz schlecht speichern und vergisst sie immer wieder. Das ist für Nicht-Betroffene schwer zu verstehen und schwer auszuhalten.

Der Erwachsene ist erschöpft und genervt. Immer wieder sagt er das Gleiche – Tag für Tag. Deshalb entsteht an dieser Stelle oft Streit in der Familie.

Viele Eltern verstehen es nicht, wie ein normal intelligentes Kind solche Merkschwierigkeiten mit Alltagsabläufen haben kann und warum die einfachsten Dinge immer wieder vorgesagt werden müssen. Es ist leider eine Tatsache: Das Gehirn des Kindes kann „Uninteressantes" nicht richtig speichern, weil die Aufmerksamkeit dafür fehlt.

Die meisten Kinder strengen sich an, um ihren Eltern zu gefallen und zuhause gut mitzumachen – vorausgesetzt, die Eltern-Kind-Beziehung stimmt.

Das ist bei Kindern mit ADS genauso, doch reicht ihre Aufmerksamkeit nicht aus, damit Alltagsabläufe funktionieren.

Um die Motivation des Kindes zu wecken, die „uninteressanten Abläufe" besser zu speichern, sind zum einen Fotokarten (siehe Kapitel „Karten/Fotokarten" S. 14) und zum anderen kleine Belohnungen geeignet. Durch diese äußere Motivation wird die Aufmerksamkeit gesteigert, was zu einer besseren Merkfähigkeit führt.

Bei Kindern bis 10 Jahre sollten diese Belohnungen immer „soziale Belohnungen" sein. Damit gemeint sind Spiele mit den Eltern, Vorlesen oder gemeinsame Aktivitäten wie Kekse backen etc. Bei größeren Kindern ist auch eine materielle Belohnung denkbar. Dies könnte ein ersehnter Kinobesuch oder ein Spielzeug sein, für welches eine bestimmte Anzahl von Punkten gesammelt werden muss.

Fragen Sie im Zweifelsfall Ihr Kind, wofür es sich anstrengen würde.

In allen Altersstufen beliebte Belohnungen sind „Sonderzeiten" an einem Medium, das sonst von den Eltern zeitlich beschränkt wird, z. B. Handy, Computer, Fernsehen und andere elektronische – „pädagogisch nicht wertvolle" – Aktivitäten.

Grundsätzlich ist beim Punkteplan zu beachten, dass mit einem Plan nur ein bis maximal zwei Ziele verknüpft werden, da der Plan sonst leicht unübersichtlich und damit für das Kind reizlos wird.

Bedenken Sie auch bitte, dass alles, was Sie mit diesem Plan regeln, auch genau von Ihnen kontrolliert werden muss! Deshalb ist weniger mehr.

Besonders wichtig ist, dass die Belohnungen für das Kind stets gut erreichbar sind, sonst ist der Plan in kürzester Zeit unattraktiv.

Manche impulsiven Kinder können mit der Belohnung nicht warten. Sie brauchen sofort ihre Belohnung.

Hier ist ein Plan, der von Montag bis Freitag läuft, und die Belohnung am Freitag vorsieht, nicht möglich. Er wird schnell uninteressant.

Diese Kinder brauchen entweder sofort oder wenigstens am gleichen Tag die Belohnung, die natürlich etwas kleiner ausfällt, als beim Sammeln der Punkte für eine ganze Woche.

Die häufigsten Fehler beim Durchführen des Punkteplans sind:
1. Eltern wollen mit einem Plan viele Situationen auf einmal regeln.
2. Eltern geben die Belohnung zu spät oder vergessen sie.
3. Die Belohnung ist nicht interessant für das Kind.

Versuchen Sie es also ruhig noch einmal mit einem Punkteplan, auch wenn Sie bisher schlechte Erfahrungen gemacht haben. Nehmen Sie sich dieses Mal nur ein Thema vor und belohnen Sie prompt. Seien Sie konsequent. Vielleicht klappt es diesmal in der neuen Form.

Generell läuft ein Punkteplan drei Monate lang, bis das neue Verhalten gelernt ist.

Danach ist das nächste unerwünschte Verhalten Grundlage für den folgenden Punkteplan.

So geht es immer weiter, solange das Kind mitmacht.

Manchmal ist auch eine kleine Pause zwischen den Plänen sinnvoll, um dann wieder frisch anzusetzen.

Bitte beachten Sie, dass Sie einen Plan nicht zu früh absetzen und mit den Belohnungen aufhören.

Es ist auch als Erwachsener nicht leicht, über einen längeren Zeitraum so konsequent zu sein, doch es lohnt sich.

Das Gehirn braucht seine Zeit, um etwas neu zu lernen oder etwas zu verändern, deshalb: auch wenn es schon ganz gut läuft – machen Sie noch etwas länger mit dem Plan weiter.

Nun ein Beispiel für eine mögliche Einführung in den Punkteplan:

> Sie warten einen ruhigen Moment ab, in dem die Stimmung gut ist und sagen dann: „Patrik, mir ist aufgefallen, dass wir immer Streit miteinander bekommen, wenn deine Jacke mitten im Flur liegt. Ist dir das auch schon aufgefallen?"
>
> Kind sagt: „Ja"
>
> Sie: „Gut, du weißt, dass alle in der Familie die Jacke aufhängen und auch du sollst daran denken ..."
>
> Kind sagt: „In Ordnung", oder etwas Ähnliches.

Sie: „Also, daran denken musst du sowieso, und in Zukunft bringt es dir einen Vorteil, wenn du an das Aufhängen der Jacke denkst. Wir machen es so, dass du für jede – ohne Erinnerung – aufgehängte Jacke einen Punkt bekommst – der sieht so aus …"

Sie zeigen dem Kind einen Klebesmiley oder einen vorbereiteten Plan, wo Kringel ausgemalt werden können, o. Ä. Dann besprechen Sie, wann und welche Belohnung es gibt und geben sich anschließend wie bei einem Vertragsschluss die Hand drauf.

Viel Erfolg!

2.5 Regeln in der Familie

Zum Thema „Regeln" habe ich einige Fragen an Sie:

- Gibt es Regeln in Ihrer Familie? Welche Familienregeln haben Sie?
- Haben Sie ausgesprochene Regeln? Haben Sie vielleicht auch unausgesprochene Regeln?
- Dies sind dann Erwartungen, die niemand außer Ihnen kennt.
- Wie teilen Sie Ihre Familienregeln mit?
- Könnte es sein, dass Sie Regeln bisher vor allem in Konfliktsituationen mitgeteilt haben?

Mein Vorschlag wäre, dass Sie sich ein Blatt Papier zur Hand nehmen und einmal alles aufschreiben, was Ihnen zu diesen Fragen einfällt. Die meisten Familien haben für das Zusammenleben einige bewährte Grundregeln:

- Wir tun einander nicht absichtlich körperlich weh.
- Wir machen einander nicht absichtlich etwas kaputt.
- Körperkontakt und körperliche Nähe darf jeder selbst bestimmen.
- Morgens wird aufgestanden, wenn es der Erwachsene sagt oder der Wecker klingelt.
- Abends wird zu einer vereinbarten Zeit ins Bett gegangen.
- Waschen und Zähneputzen finden täglich mindestens 1x statt.
- Aus dem Haus geht man bekleidet und mit Schuhen an den Füßen.

Manche Familien haben auch noch zusätzlich andere Regeln:

- Beim Essen bleiben alle sitzen.
- Jeder wartet auf den Schwächsten.
- Die Schmutzwäsche wird in einen Korb geworfen.
- Jeder ist mal dran, den Müll hinauszutragen.
- usw.

Die Regeln stellt jede Familie selbst individuell für sich auf.

Wie Sie sehen, handelt es sich bei den ersten drei genannten Regeln um ganz Grundsätzliches, das in einer Lebensgemeinschaft möglichst immer gelten sollte. Diese Regeln sind in Deutschland sogar grundrechtlich verankert.

Allerdings werden diese grundsätzlichen Abmachungen und auch andere Familienregeln von Kindern mit Aufmerksamkeitsproblemen (übrigens auch bei Kindern ohne ADS) immer wieder diskutiert.

Das ist anstrengend!

Wie können Sie das verändern?

Dazu erlauben Sie mir bitte die Anmerkung: Zum Diskutieren gehören immer zwei!

Wenn also das Kind eine bereits aufgestellte Regel mit Ihnen diskutieren will, bleiben Sie ruhig und wiederholen Sie die Regel. Gehen Sie nicht in eine Diskussion mit dem Kind, wenn es um eine Situation geht, in der das Kind die Regel befolgen soll.

Eine gute Lösung für das Einführen einer Regel bietet die Familienkonferenz (siehe auch Buch von Thomas Gordon, „Familienkonferenz“).

Bei der Familienkonferenz treffen sich alle Familienmitglieder in entspannter Atmosphäre zum Beispiel an einem Samstag nach dem Frühstück. Es gibt einen Schriftführer, der die Konferenz moderiert. Ein Problem wird angesprochen – von den Eltern oder den Kindern. Dieses wird auf ein großes Papier oder eine Tafel geschrieben. Anschließend werden von allen gemeinsam dafür Lösungsmöglichkeiten gesucht und notiert.

Alle aufgeschriebenen Lösungsvorschläge werden durchgesprochen und diskutiert. Nacheinander werden die Vorschläge ausgestrichen, die nicht praktikabel oder undurchführbar sind, bis nur noch eine oder zwei übrig bleiben. Am Schluss einigen sich alle durch Abstimmung auf eine Lösung.

Diese Lösung wird schriftlich festgehalten oder für die Kleinen aufgemalt. Anschließend geht diese neue Regel in die Erprobungsphase. Zwei Wochen lang wird ausprobiert, ob die neue Regel alltagstauglich ist.

Dann trifft man sich wieder und bespricht, wie es klappt. Falls die Regel nicht funktioniert hat, denkt man sich gemeinsam etwas Neues aus.

Dies ist eine sehr demokratische Vorgehensweise, die Zeit in Anspruch nimmt. Durch das Mitbestimmungsrecht der Kinder sind diese allerdings motivierter, die Regel einzuhalten, als wenn der Erwachsene einfach etwas bestimmt. Deshalb lohnt sich für Sie der Zeitaufwand.

Grundsätzlich empfehle ich, die Regeln aufzuschreiben, für die Kleinen aufzumalen oder zu fotografieren. Das bringt mehr Nachdruck in die Sache.

Zum Kontrollieren, ob die Regel eingehalten wurde, sind auch die Kinder geeignet. Beispielsweise könnte ein Kind immer schauen, ob die gebrauchte Kleidung im Wäschekorb gelandet ist.

Für jedes verschmutzte Kleidungsstück, das irgendwo herumliegt, müssen 5 Cent in die „Familien-Eiskasse" gezahlt werden.

Das betrifft auch Erwachsene. So sind Kinder sehr motiviert, die Einhaltung der Regel zu kontrollieren.

Manche Kinder oder Jugendliche versuchen morgens zu diskutieren, ob man in die Schule gehen muss. Hierbei werden kluge Argumente gebracht, wie z. B. dass ein Fußballer ja sehr erfolgreich ist und viel verdient und das ohne viel Schulbildung.

Mein Tipp: diskutieren Sie nicht mit! Geben Sie einen kurzen praktischen Hinweis wie: „Jetzt die Hose anziehen" und steigen Sie nicht auf die Diskussion ein.

Es lohnt sich in diesem Zusammenhang bei größeren Kindern eine Ausgabe des deutschen Grundgesetzes anzuschaffen und die Seite mit der bestehenden Schulpflicht anzumalen oder herauszukopieren. Dann können Sie morgens wortlos auf die Kopie deuten.

Das dient der Deeskalation. Das Kind kann sich jetzt über das Gesetz aufregen und nicht über die „uncoole" Mutter oder den „uncoolen" Vater.

Zu einem anderen Zeitpunkt empfehle ich Ihnen allerdings nachzufragen, ob das Kind sich generell in der Schule nicht mehr wohl fühlt. Ist das der Fall, versuchen Sie herauszufinden, woran es genau liegt, dass das Kind nicht in die Schule gehen will.

Für eine gelungene Eltern-Kind-Beziehung ist es wichtig, dass Eltern wissen, womit sich ihr Kind gedanklich beschäftigt und wie sein Alltag – auch in der Schule – aussieht.

3 Häufige Krisensituationen und Lösungsvorschläge

3.1 Auffordern und das Kind hört nicht

Situation

Sie haben Ihr Kind zu etwas aufgefordert und es hört nicht?

Lösung

Halten Sie kurz inne und überlegen Sie: „Wie habe ich das eben gesagt?

Wie war die Aufforderung formuliert? War es eine Frage? Kam das Wort „würdest du" darin vor?"

Die Frageform und das höfliche „würdest du" eignen sich nicht für eine Aufforderung.

Diese sollte klar, knapp und unmissverständlich sein.

Ein Beispiel: „Würdest du bitte deine Schuhe anziehen?" ist eine Frage. Sie stellt dem Kind zwei Möglichkeiten zur Wahl: ja oder nein. Haben Sie Glück, sagt das Kind „ja", haben Sie Pech, sagt das Kind „nein".

In der Situation, in der Sie wollen, dass das Kind die Schuhe anzieht, möchten Sie aber eigentlich gar nicht, dass das Kind eine Wahlmöglichkeit hat. Der Satz muss also heißen: „Zieh jetzt bitte deine Schuhe an."

Wenn das Kind Ihrer Aufforderung nicht folgt, könnte es auch sein, dass das Kind Sie gar nicht gehört hat.

Das ist die Regel bei Kindern mit Aufmerksamkeitsproblemen.

Sie sind mit etwas Interessantem beschäftigt, z. B. spielen, und sie können dann nichts mehr hören. Sie befinden sich wie unter einer Glasglocke.

Gehen Sie deshalb zum Auffordern in das Blickfeld des Kindes oder berühren Sie es sogar.

Lassen Sie sich den Auftrag oder die Aufforderung rückbestätigen, um sicher zu gehen, was angekommen ist.

Wenn das Kind Ihrer Aufforderung nicht nachkommt, überlegen Sie, wie viel Sie gesagt haben: Waren es mehrere Sätze auf einmal?

Z. B. „Wenn du die Schuhe angezogen hast, gehen wir erst deine Schwester abholen und fahren danach zum Einkaufen."

Bei Kindern, die eine schwankende Aufmerksamkeit haben, ist es möglich, dass nur ein kleiner Teil Ihrer Botschaft beim Kind angekommen ist.

Besser ist es, nur eine einzige Aufforderung zu geben, klar, kurz und deutlich. Alles andere kann zu Missverständnissen führen, wie eben beschrieben.

Sie haben alles richtig gemacht und das Kind zieht die Schuhe nicht an:

Hier hilft nur ruhiges Führen des Kindes an die Stelle, an der die Schuhe stehen und in der Nähe des Kindes bleiben, bis es die Schuhe angezogen hat, vielleicht sogar etwas mithelfen beim Anziehen.

Sollte es zum Wutanfall kommen: wenn möglich ignorieren, ansonsten weiter mit Kapitel „Wutanfall".

Allgemeines

Aufforderungen sollen immer knapp, ruhig und sachlich gegeben werden.

Der Erwachsene geht zum Auffordern nahe an das Kind und bleibt auch nach der Aufforderung beim Kind.

Es sollte ein günstiger Zeitpunkt zum Auffordern gewählt werden, um keinen Wutanfall hervorzurufen. Das perfekte Timing wird im Alltag nicht immer möglich sein.

Es lohnt sich jedoch, diesen Grundsatz zu beachten.

3.2 Aufräumen

Situation

Sie wollen, dass aufgeräumt wird, das Kind hat keine Lust.

Lösung

Hier braucht es erst einmal Vorarbeit.

Sorgen Sie für eine klare Aufräumregel, die unabhängig von der momentanen Situation zu einem anderen Zeitpunkt vorab besprochen wurde.

Am besten erstellen Sie passend zu dieser Regel eine oder mehrere Fotokarten, die das Kind bei der gewünschten Aktivität zeigen. Z. B. ist auf dem Foto zu sehen, wie das Kind seine Socken in die Schublade mit der Beschriftung „Socken" legt, oder wie das Kind schmutzige Wäsche in den Behälter „Schmutzwäsche" wirft.

Stellen Sie sicher, dass es eine klare Aufräumstruktur für das Kind gibt.

So gibt es im Kleiderschrank in jedem Regal ein Schild vorne auf der Kante. Auf diesem Schild ist bei kleineren Kindern ein Foto zu sehen mit dem Gegenstand, der in dieses Fach gelegt werden soll. Die Schilder können auch gemeinsam gebastelt werden.

Bei größeren Kindern gibt es entweder auch Fotos oder eine Beschriftung.

Merke: Je weniger im Schrank liegt, umso einfacher ist es, Ordnung zu halten.

Es empfiehlt sich, die zu dieser Jahreszeit nicht benötigte Kleidung an einer anderen Stelle aufzubewahren, um Chaos zu vermeiden. Am besten werden die Sachen, die nicht benutzt werden sollen, im Schrank ganz nach oben oder in das Elternschlafzimmer verbannt.

Ebenso ist bei den meisten Familien ein regelmäßiges Weggeben des nicht mehr benutzten Spielmaterials wichtig. Eine klare einfache Struktur bei den Spielsachen hilft Ihrem Kind beim Spielen und beim Aufräumen.

So kommt z. B. alles, was mit Bauen zu tun hat, in die blaue Tonne, Legos in die rote Kiste, usw. Es steht auf jeder Kiste oder jeder Brettkante des Regals deutlich, was darin gelagert werden soll. Für kleinere Kinder klebt ein Foto des jeweiligen Spielmaterials auf der Kiste: groß und deutlich.

Auch hier gilt: Weniger ist mehr! Das Kind hat am besten nur eine kleine Menge an Spielsachen im Zimmer, alle anderen Spielsachen können in einer großen Mülltüte im Keller warten, bis sie wieder aktuell sind.

Wenn sie für die Dauer eines Jahres vom Kind nicht mehr verlangt wurden, dann können Sie diese getrost weggeben.

In der Situation

Sie haben die beschriebenen Aufräumstrukturen also geschaffen und möchten, dass das Kind aufräumt.

Die Aufforderung geschieht ganz in der Nähe des Kindes, und ich empfehle, den Satz „Du musst aufräumen" ganz wegzulassen, sondern direkt den Satz zu verwenden: „Es ist soweit, die Spielzeit ist beendet. Die Legos kommen jetzt in die rote Kiste."

Gleichzeitig hält der Erwachsene ein Foto hoch, welches das Kind bei der gewünschten Tätigkeit zeigt.

Dabei steht der Erwachsene in der Nähe des Kindes und dreht sich so, dass beide auf die rote Kiste und die Legos schauen.

Es ist manchmal gut, wenn der Erwachsene langsam beginnt aufzuräumen und im Augenwinkel verfolgt, ob das Kind mitmacht.

Wenn das Kind beginnt aufzuräumen, bemerkt der Erwachsene das durch ein kurzes Lob.

Er bleibt daneben und sieht zu oder macht mit. Es macht wenig Sinn, das Zimmer zu verlassen, denn Ihr Kind braucht sehr viel Kontrolle. Also besser dableiben, auch wenn es gerade gut läuft!

Sollte das Kind an der Stelle, an der Sie die Aufräumkarte oder das Aufräumfoto hochhalten, einen Wutanfall bekommen, verlassen Sie kommentarlos den Raum und kommen etwas später wieder, wenn sich das Kind beruhigt hat.

Sollte das Kind in der Aufräumsituation unflätig werden oder Schimpfwörter gebrauchen: Versuchen Sie das vollkommen zu ignorieren.

Allgemeines

Wenn das Kind generell zu Wutanfällen neigt, wenn eine lustbetonte Tätigkeit wie das Spielen beendet werden muss, empfiehlt es sich eine Uhr bereitzuhalten, z. B. Küchenwecker, Sanduhr oder Time Timer.

Mit dem Hinweis: „Noch 5 Spielminuten, dann ist es soweit" verlassen Sie den Raum, um danach die Aufräumsituation einzuleiten.

Das heißt: keine schnellen Wechsel vom Kind verlangen, sondern immer die Uhr stellen mit dem Hinweis: Wenn diese abgelaufen ist, kommt etwas Neues, also eine andere Aktivität. Schnelle Wechsel überfordern Ihr Kind und können deshalb Wutanfälle auslösen.

3.3 Aufstehen

Situation

Sie wecken das Kind am Morgen und es steht nicht auf.

Kinder mit Aufmerksamkeitsstörungen haben oft große Mühe, morgens aus dem Bett zu kommen.

Das Einschlafen am Abend zuvor war vielleicht erst spät möglich, da das Kind vom Tag überreizt war und nicht in den Schlaf gefunden hat. Das Aufstehen am Morgen danach ist dann schwierig. Das Kind ist übermüdet und hat Anlaufschwierigkeiten.

Es kann auch vorkommen, dass das Kind morgens besonders stimmungslabil ist.

Manche Kinder sind weinerlich oder gereizter Stimmung.

Lösung

Hier hilft nach dem Wecken des Kindes nur eines: Sie bleiben nah dran am Kind und nehmen Gefühlsausbrüche des Kindes unerschrocken hin – werten diese auf jeden Fall nicht als persönlichen Angriff! Wenn das Kind mault, „grummeln" Sie einfach leise mit, antworten nicht und gehen zur Tagesordnung über: D. h. Sie führen das Kind durch die morgendlichen Etappen Waschen – Anziehen – Frühstück unaufgeregt hindurch.

Der Erwachsene tut gut daran, wirklich jegliches Genörgel und Geschrei zu ignorieren und liebevoll stur auf dem nächsten zu erledigenden Schritt zu bestehen.

Das ist schwierig – doch versuchen Sie es, es lohnt sich!

Bei manchen Kindern hilft es, eine Uhr, z. B. einen Time Timer für die einzelnen morgendlichen Tätigkeiten zu stellen, damit das Kind das verbleibende Zeitfenster beachten kann.

Das Anziehen wird leichter, wenn der Erwachsene die Kleidung in richtiger Reihenfolge auf Stuhl oder Boden legt.

In einige Familien hängen Fotokarten an der Wand, welche die Anziehschritte am Kind aufzeigen (siehe Kapitel „Karten/Fotokarten" S. 14).

Beherztes Zugreifen seitens des Erwachsenen z. B. beim Anziehen kann den Vorgang kurz vor der Eskalation abfangen und abkürzen.

Trösten Sie sich: Das Kind kann sich ja im Prinzip alleine anziehen, es bekommt es nur in der morgendlichen Situation nicht gut hin.

Bevor alle die Nerven verlieren: lieber einfach mithelfen und dem Kind den Pullover überstreifen. Das gilt auch für Schulkinder.

Allgemeines

Vielleicht befremdet Sie das: einem großen Kind beim Anziehen helfen?

Überlegen Sie sich einfach: „Was will ich? In der nächsten Viertelstunde mit dem Kind aus dem Haus gehen oder etwa zu spät kommen?"

Meistens ist es günstig, sich von allzuviel „Erziehungskorrektheit" zu verabschieden, wenn es um den Umgang mit einem ADS-Kind geht. Häufig geht es hier vor allem um „Schadensbegrenzung". Verabschieden Sie sich vor allem von den Ratschlägen der Eltern mit nicht betroffenen Kindern. Sie passen meistens nicht für Ihre Familie und Ihre Situation.

Die Hauptsache ist, ohne allzu viele größere Katastrophen durch den Alltag zu kommen und – was noch viel wichtiger ist – eine gute Beziehung zum Kind zu haben. Das zählt!

3.4 Aus dem Haus gehen

Situation

Sie wollen gemeinsam mit dem Kind aus dem Haus gehen, doch das Kind hat sich noch nicht fertig gemacht, obwohl Sie es gerufen hatten. Es spielt vielleicht sogar wieder in seinem Zimmer?

Es ist jeden Tag das Gleiche?

Lösung

Sie atmen tief durch und beruhigen sich, dann stellen oder setzen Sie sich neben das Kind und sagen genau, was es jetzt machen soll. Vorsicht! Nur jeweils einen Schritt sagen, dann abwarten, bis der Schritt erfolgt ist.

Wenn das Kind z. B. seine Schuhe angezogen hat, loben Sie das Kind: „Prima, die Schuhe sind geschafft, nun kommt die Jacke."

Wenn wiederum die Jacke angezogen ist, geben Sie ein kurzes knappes Lob und geben den nächsten Schritt vor. So geht es weiter, bis alles erledigt ist und das Kind fertig ist, um aus dem Haus zu gehen.

Das Kind soll merken, dass Sie es bemerken, wenn es mitmacht. Mit Ihrer Rückmeldung ist es in der Lage, bei den lästigen Alltagsvorgängen motiviert zu bleiben.

Das ist bei ADS nicht selbstverständlich. Alltagshandlungen erfordern eine schier unmögliche Überwindungsenergie für Ihr Kind. Es ist deshalb auch nicht zu erwarten, dass das Kind sich alleine anzieht, während Sie etwas anderes tun.

Es kann auch sinnvoll sein, im Flur eine Fotokartenserie aufzuhängen, auf denen Ihr Kind bei den einzelnen Anziehschritten zu sehen ist, die erfolgen müssen, bevor es aus dem Haus geht.

So ist auf der ersten Fotokarte z. B. das Kind beim Schuhe-Anziehen fotografiert worden, auf der zweiten Karte zieht es die Jacke an, auf der dritten Karte setzt es die Mütze auf, auf der vierten Karte setzt es die Schultasche auf usw.

Fotokarten haben den Vorteil, dass Sie als Erwachsener nicht so viel reden müssen, Sie können einfach neben dem Kind stehen und nacheinander ruhig auf die Fotos zeigen.

Allgemeines

Vielleicht denken Sie: Mein Kind weiß doch im Prinzip, was es machen soll, es kann sich anziehen oder ausziehen. Da braucht es doch keine Fotos. Sie haben Recht. Das Kind weiß es. Jedoch führt die oben beschriebene Motivationslage und die damit stark herabgesetzte Möglichkeit aufmerksam zu sein, zu regelrechten Ausfällen. Das Kind verliert ständig den Faden, bei dem was es tut. In dieser Situation geben Fotokarten eine hervorragende Orientierung.

Und der große Vorteil ist: der Erwachsene braucht sich nicht aufzuregen, muss Dinge nicht x-mal sagen, sondern kann ruhig bleiben und auf die Karten deuten.

3.5 Ausflüge machen

Situation

Das Kind tobt herum und ist aggressiv bei einem Ausflug.

Lösung

Bringen Sie Ihr übererregtes Kind – wie im Kapitel „Wutanfälle" beschrieben – so schnell wie möglich aus der Situation heraus an einen möglichst ruhigen Ort, an dem es sich beruhigen kann.

Machen Sie sich selbst klar, dass die ungezügelte Emotion des Kindes nicht gegen Sie persönlich gerichtet ist, sondern ein Zeichen von Übererregung. Sie ist also lediglich ein Symptom.

Wer unter ADS leidet, für den sind Menschenansammlungen und spannende Aktivitäten grundsätzlich schwierig zu verarbeiten.

Es ist also normal, dass es hierbei zu „Pannen" kommt.

Am besten überlegen Sie sich bereits vorher einen Plan B, falls Ihr Kind beim Ausflug überreagiert.

Die Frage, die vorher geklärt werden sollte, ist: Welcher Erwachsene übernimmt das Kind, wenn es überreizt ist und wo kann er mit ihm hingehen?

Allgemeines

Familienausflüge/Familientreffen: Generell lohnt es sich, vorher zu überlegen, ob die geplante Aktivität wirklich sinnvoll ist, und ob im Hinblick auf den Familienfrie-

den wirklich alle den gleichen Ausflug machen müssen. Es können auch nur Teile der Familie etwas zusammen unternehmen, andere etwas anderes.

Das widerspricht vielleicht Ihrer Auffassung von einem guten Familienmiteinander.

Wägen Sie ab, was friedlicher und entspannender für alle abläuft. Ein gutes Familienmiteinander bedeutet nicht unbedingt, dass alle zur gleichen Zeit das Gleiche machen müssen.

Überlegen Sie auch, welche Vorteile es hat, die Verwandten im Sommer zu einem Grillfest einzuladen, bei welchem sich das ADS-Kind dann ungezwungen bewegen kann. Das könnte doch eine gute Alternative zu einem gemeinsamen Kaffeetrinken im Winter im geschlossenen Raum sein. Oder probieren Sie einmal aus, wie es ist, sich mit Verwandten auf einem Spielplatz oder zu einer Wanderung zu treffen. Vielleicht finden Ihre Verwandten das komisch oder befremdlich, weil es noch nie so etwas gab.

Sie bringen damit etwas Neues in die Familie, das ist manchmal nicht so leicht.

Jedoch lohnt es sich innovativ zu sein, wenn es Ihrem Kind mit ADS damit besser geht. Denn wenn es dem Kind gut geht, dann geht es allen besser.

Lassen Sie sich von der Familie außerdem nicht in Ihre Erziehung hineinreden!

Sie kennen Ihr Kind am besten und wissen, was gut klappt und was nicht.

Wenn Sie einen Ausflug mit Ihrem Kind planen, bedenken Sie vorher, dass Sie einen Ausflug mit einem reizoffenen ADS-Kind machen, das sehr schnell überreizt ist.

Entsprechend sind Aktivitäten, die besonders laut sind oder bei denen es größere Menschenansammlungen gibt, wie z. B. im Hallenbad, Spaßpark, Rummelplatz unter diesem Aspekt zu sehen.

Ebenso kann es mit einem hyperaktiven Kind zu Schwierigkeiten kommen bei Aktivitäten, bei denen länger ruhig gesessen werden muss, wie Autofahren, Zug fahren, im Lokal essen, Verwandtenbesuche, Kino oder Theater.

Wenn es bei einer dieser Unternehmungen dazu kommt, dass Ihr Kind ungehalten, aggressiv und laut wird, so ist das nichts Unnormales. Stellen Sie sich darauf ein. Das hilft Ihnen am besten.

3.6 Einkaufen

Situation

Das Kind schreit oder hat einen Wutanfall.

Lösung

Stellen Sie sich dabei beispielsweise vor, Sie seien ein Elefant, der eine ganz dicke Haut hat, an dem alles abprallt und bewahren Sie Ruhe. Atmen Sie bewusst tief.

Ignorieren Sie gutgemeinte Ratschläge von Fremden oder Kritik von Dritten und antworten Sie z. B. mit einem Augenzwinkern: „Ich leihe Ihnen mein Kind gerne einmal am Samstag aus".

Beim Wutanfall in der Öffentlichkeit gilt das Motto: „Augen zu und durch".

Geben Sie keine Versprechungen oder Drohungen, wenn das Kind im Wutanfall ist.

„Grummeln" Sie nur etwas mit und ignorieren Sie das Geschrei.

Geht gar nichts mehr, lassen Sie Ihren Einkaufswagen stehen und gehen mit dem Kind vor die Tür, bis Ruhe einkehrt. Sprechen Sie so wenig wie möglich.

Ein Kind im Wutanfall kann nicht zuhören, also schweigen Sie besser.

Allgemeines

Allgemein gilt: Wenn es irgendwie möglich ist, das Kind bei einer Freundin/Freund oder bei einem Familienangehörigen vor dem Einkaufen abzugeben, dann ist dies vorteilhaft, denn die Einkaufssituation ist für ein Kind mit Problemen der Reizfilterung eine überreizende Situation.

Durch die vielen Eindrücke, die das Kind durch seinen besonderen Wahrnehmungsstil nicht oder schlecht filtern kann, gerät das Kind in eine gereizte Grundstimmung. Sie wissen bestimmt bereits, dass diese schnell in einem Wutanfall enden kann.

Das heißt für Sie: Am besten ohne Kind/Kinder einkaufen gehen.

Falls es jedoch unabdingbar ist, dann bereiten Sie den Einkauf zuhause vor, indem Sie für das Kind ein attraktives Spielzeug mitnehmen, in das sich Ihr Kind bei Wartezeiten, z. B. an der Kasse vertiefen kann. Gerade im Kassenbereich ist es gut, wenn das Kind von all den „Verführungen" durch ein interessantes Spiel abgelenkt ist.

Beim Einkaufen selbst könnte das Kind mithelfen und mitsuchen, dies ist allerdings nur für Kinder geeignet, die auch wieder zu Ihnen zurückfinden. Die Idee eignet sich nicht für Kinder, die durch das Überangebot an Waren so ablenkbar sind, dass sie verlorengehen.

Stellen Sie sich innerlich darauf ein, dass es sein könnte, dass Ihr Kind sich im Supermarkt nicht angepasst verhält, sondern evtl. an der Kasse oder auch schon früher schreit, wenn es nicht seine Einkaufswünsche erfüllt bekommt. Erinnern Sie sich: Impulsive Wünsche will das Kind sofort befriedigt haben – ohne Warten. Das ist ein Symptom bei ADS.

3.7 Gemeinsam Essen

Gemeinsames Essen ist für Kinder mit ADS/ADHS besonders wichtig. Diese Kinder brauchen unbedingt regelmäßige Rituale wie gemeinsame Mahlzeiten. Rituale geben Halt.

In vielen Familien mit Kindern mit ADS sind gemeinsame Mahlzeiten allerdings voller Spannungen und es kommt regelmäßig zum Krach.

Beispielsweise zappelt das Kind am Tisch, läuft herum, isst sehr langsam oder es meckert herum, wenn das Essen auf den Tisch kommt.

3.7.1 Kind zappelt und läuft herum

Situation 1

Das Kind zappelt herum und steht während des Essens auf. Es läuft herum.

Lösung

Bitte erinnern Sie sich noch einmal daran, was Hyperaktivität bedeutet: Das Kind **kann** nicht ruhig sitzen. Es fühlt sich innerlich getrieben und es gelingt ihm nicht still zu sitzen.

Wenn das Kind bereits einen ganzen Vormittag mehr oder weniger ruhig in der Schule gesessen hat, zeigt sich dieses Symptom besonders deutlich. Es soll nun beim Mittagessen sitzen und schafft es nicht.

Bei Gezappel hilft nur eines: Sehen Sie weg, wenn Sie das Gezappel aufregt. Das bedeutet, der Erwachsene setzt sich so an den Tisch, dass er vom Gewackel möglichst nichts oder nicht viel mitbekommt oder dreht den Kopf in eine andere Richtung.

Oder einigen Sie sich von vorneherein darauf, dass das Kind zum Essen stehen darf. Dabei empfiehlt es sich, auf den Fußboden eine Markierung zu kleben, wieweit sich das Kind vom Tisch entfernen darf, z. B. kleben Sie mit Klebeband einen Kreis mit Durchmesser von einem Meter auf den Fußboden. Das Kind soll dann während des Essens in diesem Kreis bleiben.

Es gibt auch die Möglichkeit, das Kind auf ein Ballkissen zu setzen, auf dem es im Sitzen hin und her schaukeln kann. Dieses gibt es z. B. im Sanitätshaus zu kaufen. Bei dieser Lösung darf sich das Kind also bewegen. Damit fällt es ihm leichter, am Tisch sitzen zu bleiben.

3.7.2 Kind isst sehr langsam

Situation 2

Das Kind isst sehr langsam und ist dabei verträumt.

Oder: das Kind spricht dauernd, statt zu essen.

Lösung

Hier wird es nicht immer möglich sein, dass der Rest der Familie so lange am Tisch wartet, bis das Kind fertig gegessen hat.

Stellen Sie zur Unterstützung eine Uhr auf den Tisch, die die maximale Essenszeit für das Kind zeigt.

Gut geeignet ist ein Time Timer. Darauf kann das Kind sehen, wie viel Zeit ihm noch übrig bleibt. Es empfiehlt sich auch, dem Kind in regelmäßigen Abständen Erinnerungskarten zu zeigen, auf denen zu sehen ist, dass es gerade ums Essen geht. Darauf ist das Kind beim Kauen zu sehen.

Fotokarten sind beim Essen generell sehr gut geeignet, um das Kind zu erinnern. Das mündliche Erinnern durch den Erwachsenen ruft beim Kind meist Opposition hervor, während eine Fotokarte auf das Kind neutral wirkt.

Die Karte kann auch vor das Kind gestellt werden, dann braucht der Erwachsene nur darauf zu deuten.

Beim mündlichen Erinnern besteht die Gefahr, dass die Stimme des Erwachsenen immer gereizter klingt und sich die Situation deshalb hochschaukelt. Es kommt zum Krach.

Das Zeigen einer Foto-Karte, die das Kind beim Kauen darstellt, ist etwas Neutrales.

Diese Karten lassen sich leicht selbst herstellen.

Meist macht es den Kindern Spaß, wenn sie in verschiedenen Alltagssituationen fotografiert werden.

3.7.3 Kind meckert über das Essen

Situation 3

Das Kind meckert herum, wenn das Essen auf den Tisch kommt.

Es hatte vielleicht mit etwas anderem gerechnet oder vergessen, was es gibt und hat nun Mühe, sich auf etwas Neues umzustellen.

Lösung

Das ist typisch bei Kindern mit impulsivem Verhalten. Hier ist es für den Erwachsenen wichtig, das Verhalten des Kindes innerlich schon vorher einzukalkulieren.

Wichtig ist die Erkenntnis: das Kind will den Erwachsenen nicht persönlich beleidigen!

Als Erwachsener wissen Sie also bereits vor dem Auftragen der Mahlzeit, dass es schwierig werden könnte.

Sie rechnen innerlich damit, dass das Kind gleich meckert, und deshalb können Sie es ignorieren.

Ignorieren heißt: kein Kommentar! Sie halten sich also vollkommen zurück.

Die anderen Familienmitglieder füllen sich den Teller genüsslich und beginnen zu essen. Das meckernde ADS-Kind bekommt die ruhige Auskunft, dass es mit der Familie essen darf, es gibt sonst noch die Möglichkeit, sich in der Küche ein Brot zu machen.

Wenn es sich nicht beruhigt, muss es an einen ruhigen Ort gehen, um sich zu beruhigen.

Es darf danach wiederkommen und einen zweiten Anlauf starten. Es darf sich dann auch in der Küche ein Brot machen und mitessen.

Wenn die Mahlzeit beendet ist, ist sie auch für das ADS-Kind vorbei, das sich vielleicht noch in der „Auszeit" befindet.

Mein Vorschlag ist: Es muss dann auf die nächste Mahlzeit gewartet werden.

Bei normal ernährten Kindern dürfte das kein Problem sein. Bei untergewichtigen Kindern sollten Alternativen überlegt werden.

3.8 Feste – Familienfeste – Familieneinladungen

Allgemeines

Sie planen ein Familienfest oder sind zu einem solchen eingeladen?

Bei diesen Gelegenheiten wird meistens viel gesprochen, viel gegessen und viel gesessen. Es treffen Generationen mit unterschiedlichsten Erziehungsstilen aufeinander und es wird viel durcheinander geredet.

Beim hyperaktiven und leicht reizüberfluteten Kind sind das „ideale" Voraussetzungen für eine Eskalation.

Bitte überlegen Sie deshalb **vorher** folgendes genau:

- Wie lange werden wir bleiben?
  Generell ist es für ADS-Kinder von Vorteil, wenn diese in ihrem alltäglichen Rhythmus bleiben. Das bedeutet dann z. B., dass Sie nicht bis zum Abendessen beim Fest bleiben, sondern vorher abreisen, um zuhause das Abendessen einzunehmen. Das abendliche Ritual läuft dann wie gewohnt ab. Dieses Vorgehen erspart Ihnen sehr wahrscheinlich ein stundenlanges abendliches Hin- und Her mit einem total überreizten, müden Kind, das nicht schlafen kann.
- Welche Spielsachen nimmt mein Kind mit?
  Für Familientreffen ist es gut, etwas Altbewährtes mitzunehmen, mit dem sich Ihr Kind zurückziehen kann. Sind andere Kinder dabei oder wird draußen gespielt, empfiehlt es sich in Hörweite zu bleiben, um Eskalationen zu verhindern (siehe auch Kapitel „Spielen", S. 38).
- Wo kann sich mein Kind bewegen, wenn es zappelig wird?
  Klären Sie das vorher mit dem Gastgeber, falls Sie den Ort oder die Räumlichkeiten nicht kennen. Wo gibt es Bewegungsmöglichkeiten? Planen Sie für sich und Ihr Kind auch festes Schuhwerk und eine Jacke für draußen ein, um im Falle

des Wutanfalls zusammen spazieren gehen zu können. Sprechen Sie sich vorher mit Ihrem Partner oder einem Familienmitglied ab, ob er/sie Sie entlasten kann.

Feiern Sie bei sich selbst zuhause, empfiehlt es sich, Unterstützung durch einen „Babysitter" zu holen. Dieser kann bei Überreizung des Kindes beherzt und vorwurfsfrei einschreiten und eine Runde mit dem Kind laufen oder es auf andere Art beruhigen.

3.9 Freizeitaktivitäten

3.9.1 Spielen

Situation 1

Spielen: Kind streitet mit seinen Spielgefährten.

Beim Spielen mit anderen Kindern zeichnen sich ADS-Kinder meistens durch einen großen Ideenreichtum aus. Sie haben viele Ideen und wollen am liebsten alle Ideen auf einmal spielen oder diese in schnellem Wechsel umsetzen. Dies ist für andere Kinder oft spannend und reizvoll. Die Ideenflut und die kurze Verweildauer bei einem Spiel kann die anderen Kinder jedoch auch überfordern.

Besonders wenn mehrere Kinder zusammen spielen, ist die impulsive, ungebremste Art des ADS-Kindes leicht Anlass zu einer Meinungsverschiedenheit, die schnell zum Streit ausarten kann.

Andere Kinder provozieren das ADS-Kind auch manchmal absichtlich. Sie reizen es, damit es explodiert und lachen dann darüber. Das ist gemein, passiert jedoch mitunter.

Lösung

Damit das ADS-Kind beim Spiel mit Gleichaltrigen nicht „entgleitet" und tobt, ist es vor allem bei neuen Freunden gut, wenn ein Erwachsener in der Nähe ist, der beruhigend auf die Gemüter einwirken kann. Im Streitfall empfiehlt es sich, keine Partei zu ergreifen, sondern insgesamt „dämpfend" zu wirken.

Das klingt vielleicht etwas überbeschützend, aber vielleicht haben Sie schon die Erfahrung gemacht: mehrfache „Ausraster" des ADS-Kindes können dazu führen, dass andere Kinder Angst bekommen und nicht mehr gerne mit dem ADS-Kind spielen wollen. Die Folge ist das soziale Abseits. Das gilt es möglichst zu verhindern.

3.9.2 Spielen beenden

Situation 2

Kind will das Spielen nicht beenden.

Lösung

Schwierig ist es für das ADS-Kind, beim Spielen ein Ende zu finden. Es will und kann seine Bedürfnisse schlecht verschieben, und wenn das Spiel Spaß macht, kann es nicht aufhören.

Es ist also in solch einer Situation mit einem Wutanfall zu rechnen.

Deshalb gilt auch hier: vermeiden Sie schnelle Situationswechsel!

Bereiten Sie die Situation vor, indem Sie 10 Minuten bevor das Kind aufhören muss zu spielen, einen Hinweis geben: „Noch 10 Minuten, dann ist die Spielzeit vorbei".

Dann geben Sie nach 5 Minuten einen weiteren Hinweis. Und dann noch einmal 1 Minute vor dem geplanten Ende. So gelingt das Aufhören besser.

Wenn das Kind trotzdem tobt: Gehen Sie mit ihm eine Runde um das Haus oder um den Block. Bewegung und ein ruhiger, freundlicher, unbestechlicher, wenig diskussionsbereiter Erwachsener helfen sehr gut beim Wutanfall. Falls Ihre Stimme gereizt klingt, schweigen Sie lieber. Es reicht oft ein Strohhalm, um die Wut beim Kind wieder zu entfachen.

3.9.3 Gesellschaftsspiel verlieren

Situation 3

Das Kind kann kein Gesellschaftsspiel verlieren.

Lösung

Spielt die Familie zusammen und es sieht danach aus, dass das ADS-Kind verlieren wird, hat dieses meistens keine Lust mehr, weiterzuspielen.

Versuchen Sie das ADS-Kind zu beruhigen und es zu bewegen weiterzumachen.

Dies wird jedoch nicht immer gelingen.

Beim Wutanfall wird das Kind ruhig weggeschickt oder weggebracht und die Familie spielt zu Ende.

Im Wutanfall des Kindes nicht diskutieren und das Kind auch nicht maßregeln. Sie schaffen eine räumliche Trennung mit dem Angebot, dass das Kind jederzeit wiederkommen kann, wenn es sich beruhigt hat.

3.9.4 Computerspiele bei ADS/ADHS

Situation 4

Kind will lange am Computer spielen.

Lösung

Bedenken Sie vor Anschaffung von Computer-/Handyspielen und Konsolen bitte, dass sich der Diskussionsbedarf in Ihrer Familie deutlich erhöhen wird.

Das ADS-Kind, das vor allem nach seinen Emotionen entscheidet, würde wahrscheinlich ganz seiner/ihrer Lust folgen und über Stunden spielen wollen.

Wie Sie eingangs gelesen haben, leiden manche Kinder mit ADS auch an Wahrnehmungsstörungen.

Diese können bewirken, dass das Kind nach Computer- oder Medienkonsum einen gesteigerten Erregungsgrad zeigt – es ist übererregt. Oft ist es besonders hyperaktiv. Die Verletzungsgefahr ist dann besonders hoch.

Das heißt für Sie: klären Sie bereits vor Anschaffung die Computer- Spielregeln.

Z. B. Die Spieldauer für alle Medien (Smartphone, Computer, ...) beträgt insgesamt 30 Minuten pro Tag und es darf erst nach den Hausaufgaben gespielt werden. Direkt vor der Schlafenszeit wird nicht gespielt. Am Wochenende ist die max. Spieldauer eine Stunde. Richten Sie den Computer so ein, dass er von alleine nach dieser Zeit herunterfährt, das spart viele Diskussionen. Kontrollieren Sie, dass das Kind die Zeiten einhält und es den Computer nicht hackt, damit er über die vereinbarte Zeit hinaus weiterläuft. Stellen Sie soweit wie möglich sicher, dass das Kind außer Haus keinen unkontrollierten Zugang zu Computer- Spielen hat, z. B. bei Freunden.

Dies ist besonders wichtig für Kinder, die medialen Konsum schlecht verkraften, wie oben beschrieben.

Richten Sie sich darauf ein, dass Sie diese Medien sehr stark kontrollieren müssen und sich deshalb auch selbst damit gut vertraut machen müssen.

In manchen Regionen werden zu diesem Thema auch Seminare für Eltern angeboten. In vielen Orten gibt es eine Mediensuchtberatung.

3.9.5 Sportart nur kurz durchhalten

Situation 5

Kind will die neue Sportart gleich wieder beenden.

Lösung

Es passiert oft, dass das leicht zu begeisternde ADS-Kind eine Sportart nach kurzer Zeit wechseln will. Dies geschieht meistens zu dem Zeitpunkt, an dem das Kind die Sportart einigermaßen beherrscht. Das Kind langweilt sich. Es fehlen die neuen Reize.

Dieses Thema der Anstrengungsbereitschaft zieht sich wie ein roter Faden durch das Leben des Kindes: „wenn's anstrengend wird und ich üben müsste, höre ich auf".

Hier sind Eltern besonders gefordert, denn es geht darum, dem Kind Erfolgserlebnisse zu vermitteln, um sein Selbstbewusstsein zu stärken. Das heißt, Eltern unterstützen das Kind beim Durchhalten, bis ein Erfolg erzielt wurde. Erst danach kann erneut „verhandelt" werden, ob mit einer neuen Sportart begonnen werden darf.

Manchmal hilft auch der Hinweis, dass der von den Eltern im Voraus bezahlte Sportkurs bei Nichtteilnahme dann anteilig vom Taschengeld bezahlt werden muss.

Besser ist es jedoch, das Kind mit der Aussicht auf Erfolgserlebnisse zu motivieren.

3.10 Freunde treffen

Situation 6

Das Kind streitet sich mit Gleichaltrigen. Sie befürchten eine Eskalation.

Wenn das impulsive und leicht übererregbare Kind sich mit Gleichaltrigen trifft, kann es beim Spielen leicht zu Konflikten kommen.

Bei manchen ADS-Kindern ist es so, dass sie immer bestimmen wollen, was gespielt wird, oder sie geben durch das bei ihnen typische „Gedankenrasen" einen schnellen Wechsel von Spielideen vor, der die anderen Kinder überfordert.

Lösung

Hier ist es gut, wenn ein Erwachsener in der Nähe bleibt, um die Gemüter etwas abzukühlen, wenn ein Streit beginnt.

Vor allem für das ADS-Kind, das nicht so leicht aus seinem Erregungszustand herausfindet, ist es eine große Hilfe, wenn ein wohlwollender Erwachsener eine Situation, die kurz vor der Eskalation steht, „moderiert" und regelt (siehe auch Kapitel „Spielen", S. 38).

Allgemeines

Das kommt Ihnen überbeschützend vor? Das ADS-Kind sollte ihrer Meinung nach Konflikte ruhig alleine lösen können?

Das wäre schön, entspricht aber leider nicht der Realität.

Das ADS-Kind kann sich meistens nicht ohne Hilfe von außen abregen. Bleibt es lange ohne Hilfe im Erregungszustand, so besteht die Gefahr, dass es seine Spielkameraden schlägt, Dinge zerstört und dadurch seine Freunde verschrecken oder sogar verlieren wird.

Viele ADS-Kinder haben keine Freunde. Das ist traurig.

Deshalb mein Vorschlag an Sie als Eltern: Laden Sie ein anderes Kind nach Hause zu sich ein und bleiben Sie in der Nähe, um dazwischengehen zu können, wenn es brenzlig wird.

Vielleicht wird ja ein Freund daraus, der mit den Besonderheiten Ihres Kindes umgehen kann. Er schaut sich bei Ihnen ab, wie es geht. Ich finde, das ist einen oder mehrere Versuche wert.

3.11 Geschwisterstreit

Situation 7

Die Geschwister streiten sich, es kommt zu Geschrei und Handgreiflichkeiten.

Das ADS-Kind ist durch seine Impulsivität besonders leicht zu vorschnellen Worten und schnellem Handeln ohne vorheriges Nachdenken bereit.

Geschwister kennen sich gut und wissen auch sehr gut, wie sie das ADS-Kind in der Familie „auf die Palme" bringen können.

Lösung

Ist der Streit bereits da, dann hilft bei drohender Eskalation nur ein energisches Einschreiten des Erwachsenen und die räumliche Trennung der Kampfhähne.

Jeder darf sich in einem anderen Zimmer abkühlen. Danach, wenn sich alle vollkommen beruhigt haben, kann über die Situation gesprochen werden. Ich warne ausdrücklich davor, die Situation zu früh mit den Kindern zu besprechen, denn sonst kann es sein, dass der Streit wieder von neuem beginnt und die nächste Eskalation droht.

Allgemeines

Es ist generell wichtig, die Geschwisterkinder über Impulsivität zu informieren und um Rücksichtnahme auf das ADS-Kind zu bitten. Es sollte von den Geschwistern nicht absichtlich gereizt werden.

Dies lässt sich in einem ruhigen Familiengespräch klären. In einer solchen Familienkonferenz wird festgestellt, wo die Stärken des Einzelnen liegen und wo er von der Familie noch Unterstützung braucht.

Jeder hat Stärken und Schwächen!

3.12 Hausaufgaben

3.12.1 Allgemeines

Hausaufgaben mit Kindern, die Aufmerksamkeitsprobleme haben, sind meistens anstrengend für das Kind und die Eltern.

Häufig entsteht Streit über das Anfangen (Situation 1) und die Dauer (Situation 2).

Es kommt auch vor, dass die Hausaufgaben in der Schule nicht notiert wurden, und das Kind deswegen nachmittags mit Klassenkameraden telefonieren muss. Im schlechtesten Fall fahren Eltern nachmittags mit dem Kind zur Schule zurück, um vergessenes Arbeitsmaterial zu holen.

Lösung

Grundsätzliches zum Gelingen von Hausaufgaben:

Der Platz, an dem die Hausaufgaben gemacht werden, sollte neutral und reizarm sein.

Nicht geeignet ist ein Fensterplatz mit Blick auf interessante oder ablenkende Dinge.

Das kann der Blick auf eine Straße sein oder in einen Garten, in dem Bäume sind, deren Blätter sich bewegen. Auch der Blick in das Kinderzimmer auf Spielzeug sollte vermieden werden.

Der beste Platz ist ein gut ausgeleuchteter Eckplatz im Kinderzimmer mit Blick auf eine neutrale Schrankrückwand oder/und eine weiße Wand.

Auf dem Tisch liegen nur ein Stift, ein Heft und das Buch, das gerade benötigt wird.

Selbst ein Radierer oder Spitzer kann schon zu viel sein und ablenken.

Die anderen Schulmaterialien liegen in der Schultasche oder bei größeren Kindern, die täglich andere Schulfächer haben, in farblich auf die Heft- und Buchumschläge abgestimmten Stapelboxen abgelegt.

So liegt ein blaues Heft mit passend zum gleichen Schulfach blau eingebundenem Buch in einer blauen Stapelbox.

Diese Stapelboxen sind beschriftet und helfen übrigens auch beim Schulranzenpacken. Die Hefte und Bücher, die für den nächsten Tag gepackt werden müssen, sind durch die farbliche Zuordnung zu einem bestimmten Schulfach gut zu finden.

Bei manchen Kindern hat es sich als günstig erwiesen, die Hausaufgaben in der Küche oder im Wohnzimmer zu machen. Hier befinden sich meist weniger interessante und ablenkende Gegenstände als im Kinderzimmer ... und ein Erwachsener ist in der Nähe!

Manchmal hilft in der Hausaufgabensituation auch Musik. Es gibt Kinder, die bei jedem noch so kleinen Geräusch abgelenkt sind, oder die beim Knacken einer Heizung total aus dem Konzept kommen. Hier wirkt gleichförmige ruhige Musik wie ein Klangteppich, der andere Geräusche schluckt. Probieren Sie es aus.

Um sicherzustellen, dass die Hausaufgaben in der Schule auch tatsächlich aufgeschrieben werden, empfiehlt sich ein Hausaufgabenheft, das der Lehrer abzeichnet.

Dieses Heft wird sogar von den Eltern vorbereitet, indem Sie schon die Fächer des jeweiligen Tages eintragen. So muss das Kind in der Schule nur die Seite und Zahl der Aufgaben eintragen.

Das kommt Ihnen vielleicht seltsam oder überbehütend vor. Die Erfahrung hat jedoch gezeigt: je klarer die vorgegebene Struktur ist, umso mehr Erfolg hat das Kind mit Aufmerksamkeitsstörung.

Probieren Sie es einfach aus.

Versuchen Sie beim Lehrer Verständnis zu gewinnen, damit er das Hausaufgabenheft gegenzeichnet und damit kontrolliert, ob alles notiert wurde.

Manche Lehrer schreiben die Hausaufgaben auf eine extra Tafel, welche während des ganzen Schultages nicht abgewischt wird. Hier kann das Kind die Aufgaben am Ende des Schultages mit dem Handy abfotografieren.

Das ist eine vielleicht ungewöhnliche Lösung, kann jedoch helfen, dass das Kind zuhause weiß, was zu tun ist. Sprechen Sie mit dem Lehrer darüber, ob das Handy dafür im Klassenzimmer genutzt werden darf.

Damit Ihr Kind an diesen Schritt denkt, könnte auch ein „Schulpate" gefunden werden, der mithilft, an den Aufschrieb oder das Abfotografieren zu denken.

3.12.2 Nicht anfangen können

Situation 1

Das Kind beginnt nicht, sondern macht etwas anderes.

Das Kind hat von Ihnen den eindeutigen Auftrag bekommen, mit den Hausaufgaben zu beginnen, während Sie z. B. noch etwas in der Küche erledigen.

Als Sie nach einiger Zeit beim Kind sind, stellen Sie fest, dass das Kind noch nicht einmal die Sachen aus der Schultasche geräumt hat, sondern spielt oder trödelt.

Sie sind genervt.

Lösung

Kommt das öfters vor?

Dann lohnt es sich, für diese Situation einen **Punkteplan** zu erarbeiten (siehe auch Kapitel „Punkteplan" S. 15).

Einführung des Punkteplans: Zu einem Zeitpunkt, an dem es nicht um Hausaufgaben geht, sprechen Sie mit dem Kind und führen den Punkteplan ein.

Das Gespräch könnte so aussehen:

> Sie: „Mir ist aufgefallen, dass wir häufig Krach bekommen, wenn du deine Hausaufgaben nicht gleich anfängst. Ist dir das auch schon aufgefallen?"
>
> Kind: „Ja".
>
> Sie: „Ich möchte mich mit dir deswegen nicht mehr streiten. Hausaufgaben machen musst du – das weißt du. In Zukunft bringt dir der sofortige Start Vorteile."

Nun gibt es die Möglichkeit, bei sofortigem Start, also nach Ihrer ersten Aufforderung oder zum ausgemachten Zeitpunkt, dem Kind einen Punkt oder einen Smiley zu geben.

Das heißt: der Erwachsene bleibt in der Nähe und schaut, ob der sofortige Start gelingt.

Zusammen mit einem kurzen Lob gibt es den Punkt.

Die Punkte werden direkt auf ein extra dafür vorgesehenes Papier gemalt oder auf eine Pinnwand gemalt, geklebt oder geheftet.

Mit diesen Punkten ist eine Belohnung verbunden, z. B. ein Spiel zusammen mit Vater oder Mutter.

Bei kleineren Kindern muss die Belohnung noch am gleichen Tag erfolgen, größere Kinder können die Punkte sammeln für etwas Größeres, wie vielleicht ein gemeinsamer Schwimmbadbesuch, Waffeln backen, oder ein gemeinsamer Ausflug.

Grundsätzlich sollten die Belohnungen bis mindestens zum 10. Lebensjahr „soziale Belohnungen" sein. „Soziale Belohnungen" bedeuten, dass die Belohnung eine gemeinsame Aktivität mit den Eltern ist.

Erst nach dem 10. Lebensjahr kann es sich um Belohnungen wie zusätzliche Minuten am Computer handeln oder um etwas, das gekauft wird.

Das Warten auf die Belohnung sollte nicht länger als 5 Tage dauern, da sonst die Gefahr besteht, dass der ganze Punkteplan für das Kind uninteressant wird.

So ist es übrigens auch für einen Erwachsenen leichter durchzuhalten. Denn ein erfolgreicher Punkteplan hat viel mit Disziplin, Genauigkeit und Durchhaltevermögen zu tun.

Der Belohnungsvertrag sollte so gestaltet werden, dass möglichst immer belohnt wird, d. h. immer wenigstens ein Teilziel erreicht wird. Das Kind hat sonst bestimmt bald keine Lust mehr mitzumachen. Das heißt: auch für wenige Punkte werden

„Trostpreise“ vereinbart. Denn wenige Punkte bedeuten, dass das Kind sich einige Male angestrengt hat, und das muss belohnt werden.

Pro Punkteplan empfiehlt es sich, nicht mehr als **ein** Verhalten zu belohnen.

Bedenken Sie: alles was Sie belohnen wollen, müssen Sie als Erwachsener vorher kontrolliert haben!!! Also lieber wenig nehmen, dafür aber absolut zuverlässig sein.

Mehrere Bedingungen an einen Punkteplan zu binden, wird für alle unübersichtlich und anstrengend.

Das Wichtigste ist, dass das Kind bereit ist mitzumachen und „dranzubleiben“.

Deshalb ist auch die Belohnung nicht immer „pädagogisch wertvoll“ (z. B. zusätzliche Spielminuten an der Konsole). Das Wichtigste ist, dass das Kind dauerhaft sein Verhalten ändert durch diesen Plan.

Der Plan sollte drei Monate laufen- nur für eine Verhaltensänderung. So lange braucht ungefähr unser Gehirn, um eine neue Gewohnheit zu speichern.

Erst dann kann ein neues Verhalten geübt werden. Beim Beispiel der Hausaufgaben könnte das folgendes Verhalten sein:

- Weitermachen ohne zu meckern
- Aufgaben, die gerade nicht bearbeitet werden mit einem Löschblatt zudecken (verhindert ein Abschweifen der Augen).
- Durchgehend arbeiten ohne herumzulaufen
- Alle Aufgaben kontrollieren nach der Erledigung, usw.

3.12.3 Nicht fertig werden

Situation 2

Das Kind ist sehr unaufmerksam und braucht lange für die Aufgaben.

Wenn ein Kind sehr langsam bei der Hausaufgabendurchführung ist, so liegt sicher eine schwankende Konzentrationsleistung zugrunde.

Hierbei ist das Kind eben noch aufmerksam und im nächsten Moment ist es schon unaufmerksam. Es kann nicht anders. Das passiert einfach so im Gehirn des Kindes. Es kann nichts dafür.

Als Folge wirkt das Kind verträumt, es trödelt oder versucht den Erwachsenen in ein Gespräch zu verwickeln, anstatt die anstehende Aufgabe zu lösen.

Merke: Zum Diskutieren gehören immer zwei Personen.

Lösung

Das heißt für den Erwachsenen: keine Gespräche während der Hausaufgaben. Fällt dem Kind irgendetwas ein, was es erzählen möchte, so vertrösten Sie es liebevoll und konsequent auf „nach den Hausaufgaben".

Das kommt bei einigen Kindern alle paar Minuten vor. Bleiben Sie im Tonfall neutral, aber unnachgiebig.

Hilfreich ist auch, das Kind etwas „anzuschieben".

Das könnte so lauten: „Prima, die erste Aufgabe hast du schon gelöst, nun kommt die nächste Zeile dran".

Dabei decken Sie die Aufgabe, die schon gelöst wurde, mit einem kontrastfarbigen Papier ab.

Und so geht es immer weiter von Aufgabe zu Aufgabe: „Prima, du hast die erste Hälfte der Aufgabe schon abgeschrieben, weiter so."

Sie kommentieren also alles was gerade gut klappt und führen so das Kind weiter.

Durch Lob hat es das Kind leichter, aufmerksam zu bleiben, das Kind „driftet" nicht so oft ab.

Das bedeutet für den Erwachsenen: dranbleiben und Nerven behalten!

Vielen Kindern hilft es auch, auf einer Buchseite mit Aufgaben alles das abzudecken mit kontrastfarbigem Papier, was gerade nicht dran ist.

Aufgaben unterteilen: Als Hilfsmittel eignet sich das Stellen einer Uhr.

Das Kind wird gefragt: „Was denkst du, wie lange wirst du für diese Matheaufgabe brauchen?"

Das Kind soll abschätzen, wie viele Minuten es sind, und Sie stellen die Uhr ein. Dann wird überprüft, ob die Zeit gereicht hat.

Durch diesen Vorgang werden die Hausaufgaben in „kleine Stücke unterteilt". Dadurch ist das Kind meistens besser motiviert. Außerdem lernt es durch die kurzen Zeitabschnitte besser mit der Zeit umzugehen.

Geeignet sind alle Uhren, die leise laufen, z. B. der Time Timer, den man in Geschäften für Lernbedarf oder in Spielwarenläden für Kinder mit besonderem Förderbedarf erhält.

Allgemeines

Richtig! Sie haben es bemerkt! Das Kind hat bei den Hausaufgaben immer einen Erwachsenen (oder Jugendlichen) neben sich zum „Anschieben" und zum Strukturieren und Kontrollieren.

Sie denken sicher: „Aber das muss er oder sie doch jetzt alleine können". Das stimmt. Doch Kinder mit Aufmerksamkeitsproblemen reifen später als andere Kinder, sie brauchen deshalb wesentlich länger Unterstützung.

Bedenken Sie außerdem: Bereits den ganzen Vormittag hat das unruhige oder verträumte ADS-Kind sich in der Schule zusammengenommen – nun wird am Nachmittag noch einmal das Gleiche verlangt in Form von Hausaufgaben.

Deshalb braucht das Kind Unterstützung.

Falls Ihnen das Beaufsichtigen der Hausaufgaben als Eltern zeitlich nicht möglich ist oder die Eltern-Kind-Beziehung durch den ständigen Konflikt bei den Hausaufgaben schon zu belastet ist, versuchen Sie, andere Lösungen zu finden.

Ein netter junger Mann oder junges Mädchen aus der Nachbarschaft können (natürlich gegen ein Taschengeld) als Hausaufgabenhilfe Wunder wirken.

3.13 In's Bett gehen

Situation

Das Kind ist gewaschen und im Schlafanzug, hat eine Gutenachtgeschichte oder einen Gutenachtkuss bekommen und soll jetzt schlafen.

Es bleibt aber nicht im Bett, sondern steht immer wieder auf. Es sagt, es habe Durst, es möchte noch etwas erzählen, und ähnliches mehr.

Bevor Sie ärgerlich werden, bedenken Sie bitte: das Kind mit ADS ist häufig am Abend noch übererregt und findet schlecht in den Schlaf. Es hat außerdem ein herabgesetztes Schlafbedürfnis. Es braucht wirklich weniger Schlaf.

Lösung

Fragen Sie sich, ob Sie für die Situation bereits eine Regel haben.

Die Regel könnte beispielsweise lauten: „Wenn du in's Bett gebracht wurdest und du nicht schlafen kannst, weil du noch nicht müde bist, darfst du Folgendes tun: Bücher anschauen oder lesen oder Hörspiel hören."

Bei älteren Kindern (Schulkindern) wäre auch malen, spielen mit Spielzeug in Ordnung.

Nicht in Ordnung ist Fernsehen oder eine Betätigung mit Computer und Handy. Die Lichtqualität dieser Medien stimuliert das Zentrum für Wachheit im Gehirn. Diese Aktivitäten sind also in der Entspannungs- und Einschlafphase vollkommen ungeeignet.

Außerdem steht ein Glas Wasser im Zimmer, falls das Kind noch Durst haben sollte.

Die Regel heißt also: „Nach dem Gutenacht-Ritual musst du im Zimmer bleiben, darfst dich aber beschäftigen, bis du müde genug ist, um einzuschlafen."

Wird diese Regel nicht eingehalten und das Kind erscheint wieder bei den Eltern im Wohnzimmer, so nehmen diese das Kind wortlos an der Hand und führen es still zu seinem Bett zurück. Dabei spricht der Erwachsene möglichst nichts. Vor allem diskutiert er nicht mit dem Kind.

Das Zeigen eines Fotos, welches das Kind im Bett liegend zeigt, kann den Vorgang unterstützen. Sie können es einfach hochhalten, dabei nicht sprechen und dann das Kind ruhig zum Bett zurück begleiten.

Das Kind merkt dadurch, dass es keine weitere Aufmerksamkeit für sein störendes Verhalten bekommt.

Bitte bedenken Sie in diesem Zusammenhang, dass das Schimpfen eines Erwachsenen für das Kind eine Form von Zuwendung ist. Deshalb schlage ich Ihnen vor, das Kind unaufgeregt und still wieder ins Bett zurückzubringen. Dieses kann auch mehrfach geschehen, je nachdem wie hartnäckig das Kind ist.

Eine Hilfe bei dieser Alltagssituation kann auch ein kleiner Punkteplan sein. Das Kind erhält für „im Bett bleiben" oder „im Zimmer bleiben" einen Smiley. Diese Smileys können dann für eine Belohnung gesammelt werden.

Wie auch im Kapitel „Punkteplan" erwähnt, sollte bei Kindern unter 10 Jahren die Belohnung immer immateriell sein. Das heißt, als Belohnung erlebt das Kind zusammen mit Vater oder Mutter etwas Schönes: ein gemeinsames Spiel oder zusammen Kuchen backen.

Eine gute Belohnung zeichnet sich dadurch aus, dass sie dem Kind Freude macht und dass es sich dafür besonders anstrengt, im Bett bzw. im Zimmer zu bleiben.

3.14 Lernen

3.14.1 Das Kind ist abgelenkt

Situation 1

Das Kind lässt sich von äußeren Reizen ablenken.

Lösung

Denken Sie daran: Das Kind hat eine Reizfilterschwäche. Es kann Geräusche, auf die es ankommt, z. B. eine Stimme, unter anderen Geräuschen nicht richtig heraushören. Und es kann auch leise Alltagsgeräusche schlecht ausblenden.

Der Reizfilter funktioniert auch nicht im Blickfeld. Sich nur auf das zu fokussieren, worauf es ankommt, und alles andere nicht zu sehen, fällt dem Kind enorm schwer.

Es dringen ständig zu viele Außenreize in das Gehirn des Kindes.

Die Situation des Kindes kann also durch ein „ganz normales" Umfeld, wie es ein eingerichtetes Kinderzimmer darstellt, in welchem es zusätzlich noch Alltagsgeräusche gibt, stark überfordernd sein.

Dies heißt: Der Arbeitsplatz des Kindes ist so neutral wie möglich zu gestalten. Hilfreich ist der Blick auf eine leere Wand. Bei manchen Kindern hilft ein Geräuschschutz, so genannte „Mickymäuse", auf den Ohren.

Wie in manchen Großraumbüros, wo zur Geräuschminderung ein Rauschgeräusch permanent eingeblendet wird, könnte auch eine ruhige Musik hilfreich sein. Diese „schluckt" die leisen Alltagsgeräusche weg und das Kind kann sich besser konzentrieren. Die Musik verbessert im Idealfall auch dessen geistige Wachheit.

Manche Kinder lernen auch gut in der Küche. Hier befindet sich kein Spielzeug, das ablenkt.

3.14.2 Lernen und Handy

Situation 2

Das Kind schaut immer wieder auf sein Handy.

Lösung

Das Handy liegt während des Lernens außer Sichtweite. Es liegt vielleicht sogar unter Verschluss und kann nach dem Lernen wieder abgeholt werden.

3.14.3 Ablenkung durch Haustür- und Telefonklingeln

Situation 3

Es klingelt an der Haustür oder das Telefon läutet, das Kind hört auf zu arbeiten.

Lösung

Die Klingeltöne sind während des Lernens möglichst ausgestellt. An der Tür hängt ein Informationszettel, ab wann wieder geklingelt werden darf.

Ein einziger Klingelton kann nach meiner Erfahrung einen gut laufenden Lernprozess so stören, dass das Kind hinterher lange braucht, um den Faden wieder zu finden.

3.14.4 Das Kind spielt statt zu lernen

Situation 4

Das Kind spielt mit dem Radiergummi oder Spitzer.

Lösung

Wie schon im Kapitel „Hausaufgaben“ (s. S. 44) beschrieben empfiehlt es sich, auf dem Tisch nur das liegen zu haben, was im Moment gebraucht wird. Das heißt: nur ein Stift und das Heft.

Alles andere ist nach Farben oder mit Beschriftung in Ablagen oder im Schulranzen aufgeräumt. Es steht auf der Seite oder hinter dem Kind.

3.14.5 Das Kind ist motorisch unruhig

Situation 5

Das Kind wackelt oder klettert auf dem Stuhl.

Lösung

Das unruhige Kind profitiert davon, auf einem Ballkissen zu sitzen, um seinen Bewegungshunger zu stillen. Es kann darauf beim Lernen hin und her schaukeln, bleibt aber auf dem Stuhl. Das Ballkissen ist im Sanitätshaus zu erwerben.

Das Sitzen auf einem Pezziball empfiehlt sich nicht, da er sich zu stark bewegen lässt. Das Kind wird darauf wahrscheinlich im Zimmer herumrollen.

Es kann natürlich auch im Stehen an einem Stehpult gearbeitet werden.

Manchen Kindern tut es gut, wenn sie beim Lernen auf dem Boden liegen.

Der Bewegungshunger kann auch durch das Kauen von Kaugummi etwas eingedämmt werden.

Bei einigen Kindern ist es wirkungsvoll, wenn sie auf einem Vibrationskissen sitzen oder die Füße darauf stellen. Vibration ist ein deutlicher Reiz, der die Aufmerksamkeit verbessert.

Das Vibrationskissen gibt es ebenfalls im Sanitätshaus. Manche Spielwarengeschäfte vertreiben inzwischen auch Material für „besondere Kinder".

Alle diese Empfehlungen sollen dem Kind helfen, nach einem langen Schulvormittag, bei dem sie zum Sitzen gezwungen waren, das Lernen am Nachmittag konzentriert leisten zu können.

3.15 Schulranzen packen

3.15.1 Das Kind spielt statt den Schulranzen zu packen

Situation 1

Das Kind hat die Hausaufgaben beendet. Sie gehen weg und erwarten, dass es den Schulranzen packt. Als Sie zurückkommen, stellen Sie fest, dass das Kind etwas anderes tut oder spielt.

Lösung

Sie wissen: Alltagshandlungen, vor allem nach den Hausaufgaben, die schon viel Energie benötigt haben, erfordern eine schier unmögliche Überwindungsenergie für Ihr Kind.

Es ist deshalb nicht zu erwarten, dass das Kind es alleine schafft, die Schultasche zu packen, während Sie etwas anderes tun!

Das heißt: dranbleiben am Kind und Ruhe bewahren. Unbestechlich und ruhig verlangen Sie, dass jetzt der Ranzen gepackt wird.

Es ist sinnvoll, einen großen Wochen- bzw. Stundenplan und je nach Alter des Kindes auch eine Fotokartenserie aufzuhängen, auf welcher Ihr Kind die einzelnen Packschritte sehen kann, die erfolgen müssen, bis die Tasche fertig gepackt ist.

Ist das Kind mit einem Wochenplan überfordert, kann ein schriftlicher Packplan für jeden einzelnen Tag von Ihnen aufgestellt werden.

Fotokarten haben auch hier den Vorteil, dass Sie als Erwachsene nicht so viel reden müssen, Sie können einfach neben dem Kind stehen und nacheinander ruhig auf die Fotos zeigen.

Das ist erfahrungsgemäß für die Stimmung aller Beteiligten wesentlich besser. ☺

Die Fotos stellen Heft- und Buchmaterial, sowie Turn- oder Schwimmzeug dar, um das es geht. Auch ein Foto für die Vesperschachtel ist dabei.

Bei manchen Kindern kann auch ein Punkteplan weiterhelfen, um das Packen zu erlernen. Er dient dazu, die Motivation zu verbessern. Bitte lesen Sie dazu auch das Kapitel 2.4.2 „Punkteplan“ oder die Tipps zum Punkteplan im Kapitel 3.12 „Hausaufgaben“.

Im folgenden Beispiel gibt es für jeden richtig eingepackten Gegenstand einen Punkt.

Beispiel:

Abmachung: Es wurden eingepackt – ohne weitere Erinnerung durch den Erwachsenen – wie auf dem Packplan ersichtlich:

- Mäppchen (komplett, d. h. alle Stifte, Radierer und Spitzer sind darin)
- Deutschheft
- Deutschbuch
- Matheheft
- Mathebuch
- Hausaufgabenheft
- Turnbeutel (komplett)

Das ergibt sieben Punkte.

Es wird vorher mit dem Kind besprochen, welche Belohnung es dafür gibt.

Das Kind wird sich auf längere Sicht nur anstrengen, wenn es eine Belohnung gut erreichen kann. Deshalb sollte es Trostpreise geben, um auch bei nur drei, vier oder fünf Punkten eine Belohnung geben zu können, denn das bedeutet ja, dass das Kind immerhin an drei, vier oder fünf Sachen gedacht hat.

Die Belohnung sollte – wie schon gesagt – bei jüngeren Kindern möglichst „sozial" sein, d. h. ein Spiel oder eine Aktivität mit den Eltern. Sie können ja auch beim Spiel am Computer mitmachen.

Bei jüngeren Kindern muss die Belohnung meist am gleichen Tag gegeben werden, denn sie können schlecht warten.

Um bei größeren Kindern eine gute Motivation zu erreichen, können das z. B. sieben zusätzliche Minuten am PC oder einem anderen Medium sein, das sonst von Ihnen zeitlich eng begrenzt wird.

Diese Belohnung ist zwar „pädagogisch nicht wertvoll", bringt jedoch meistens noch einmal einen spürbaren Motivationsschub, nach den Hausaufgaben auch noch den Ranzen zu packen ... und darum geht es doch.

Bei größeren Kindern ist es oft möglich, die Punkte zu sammeln und die Belohnung einmal pro Woche zu geben, z. B. immer freitags.

Von einem größeren Intervall rate ich ausdrücklich ab, denn dann verlieren Kind und Erwachsener leicht den Überblick und die Motivation.

3.15.2 Verschimmelte Schulbrotreste in der Vesperdose

Situation 2

Sie finden in regelmäßigen Abständen verschimmelte Schulbrotreste in der Vesperdose.

Lösung

Hierfür eignet sich am besten das Punktesystem: Für jede unaufgefordert in der Küche abgelieferte Schulbrotdose gibt es einen Bonus, sprich ein oder zwei Punkte.

3.16 Starke Gefühlsausbrüche

Situation

Das Kind weint, schluchzt oder ist sehr aufgedreht vor lauter Freude.

Diese Situation kommt oft vor bei Kindern mit Aufmerksamkeitsproblemen und ist ein Erscheinungsbild der Impulsivität. Es ist also normal. Diese Kinder können „himmelhoch jauchzend – zu Tode betrübt" sein in schneller Reihenfolge. Sie sind „getrieben" von ihren Emotionen und sind deshalb sehr auf einen ruhigen, besonnenen Erwachsenen angewiesen.

Lösung

Sorgen Sie für eine ruhige Umgebung. In der Öffentlichkeit kann das z. B. eine Ecke sein, in der nicht besonders viele Menschen sind.

Berühren Sie das Kind wenn möglich, z. B. an der Schulter und murmeln Sie leise etwas mit.

Warten Sie ruhig und ohne zu reden, bis das Kind sich beruhigt. Auf keinen Fall gehen Sie auf das laut beklagte, beweinte oder belachte Thema ein, denn damit würden Sie die Emotion nur verstärken.

Bleiben Sie neben dem Kind, stehen Sie nicht ihm gegenüber.

Manchen Kindern hilft es auch, eine kurze Zeit alleine zu sein. Das bedeutet, dass Sie das Kind an einen ruhigen Ort bringen. Hier kann es abwarten, bis die starken Emotionen abgeklungen sind.

In bestimmten Situationen, vor allem in der Öffentlichkeit, kann auch versucht werden, das Kind mit etwas anderem abzulenken, um weitere Eskalationen zu vermeiden.

Irgendwann später, keinesfalls direkt im Anschluss, besprechen Sie die Situation mit Ihrem Kind.

Es soll wissen, dass z. B. sein lautes impulsives Lachen auf jemand anderen beleidigend und kränkend wirken kann. Es kann sich mit diesem Verhalten Freundschaften verscherzen und sich selbst isolieren, ebenso bei unkontrollierten Weinanfällen.

Wirken Sie auf das Kind ein, damit es durch häufige Wiederholung lernt, seine plötzlich auftretenden Emotionen anders zu äußern, zurückzuhalten und sich in die Lage des Gegenübers zu versetzen.

Allgemeines

Dieser Lernprozess erfordert immens viele Wiederholungen und Ausdauer des Erwachsenen.

Zum Üben können Erwachsener und Kind ein Symbol ausmachen, z. B. eine Körperbewegung oder ein Geräusch, das der Erwachsene am besten kurz vor dem emotionalen Ausbruch dem Kind gibt, um zu zeigen: „Halte deine Emotion zurück".

Es kann auch eine visuelle Erinnerung sein, die Sie mit dem Kind vereinbaren. Manchmal hilft ein Stoppschild aus dem Eisenbahnbaukasten. Dies hat der Erwachsene in mehrfacher Ausführung griffbereit in allen Hosen- und Jackentaschen.

Nach freudigen Ereignissen, z. B. einer Geburtstagsfeier, kann es vorkommen, dass das Kind noch tagelang überdreht ist.

Bewahren Sie Ruhe: es geht vorbei. Wirken Sie beruhigend auf das Kind ein und kehren Sie ganz bewusst in bekannte Alltagsstrukturen (ohne Ausnahmen) zurück.

3.17 Telefongespräche der Eltern

Situation

Das Telefon klingelt. Ihr Kind unterbricht sofort seine Tätigkeit, kommt herbeigeeilt und redet mit Ihnen, während Sie telefonieren wollen.

Lösung

Sorgen Sie für räumliche Trennung. Entweder gehen Sie oder Ihr Kind in einen anderen Raum.

Funktioniert das nicht, sprechen Sie zu einem ruhigen Zeitpunkt die Situation mit Ihrem Kind an und stellen Sie eine Regel auf: „Wenn Mutter/Vater telefoniert, musst du warten." Dies kann auf einer Karte oder einem Foto bildlich dargestellt werden.

Beim nächsten Mal, wenn das Kind beim Telefonieren auf Sie einredet, können Sie das Foto hoch halten als Erinnerung an die Regel.

Auf dem Foto ist z. B. ein Elternteil abgebildet, das telefoniert, während das Kind z. B. einen Finger auf den Mund legt. Das ist eine visuelle Erinnerung an die aufgestellte Regel. Oft reicht das aus.

Manchmal allerdings ist es notwendig, für diese Situation ein Punktesystem einzuführen. Z. B. für jedes nicht gestörte Telefonat gibt es einen Punkt.

Mehr Informationen zum Punkteplan siehe Kapitel „Punkteplan", S. 16.

Allgemeines

Generell ist es sinnvoll, längere Telefonate dann zu führen, wenn das Kind im Bett ist.

3.18 Waschen, Anziehen, Zähneputzen

3.18.1 Das Kind trödelt beim Anziehen.

Situation 1

Das Kind trödelt statt sich anzuziehen.

Lösung

Bleiben Sie in der Nähe. Nach der Aufforderung „Zieh dich an" bleibt der Erwachsene daneben stehen und geht nicht weg. Der Erwachsene sagt die einzelnen Schritte an, oder er zeigt die passenden Fotos.

Stellen Sie – auch für größere Kinder – eine Fotokartenserie her.

Auf den Fotos sind die einzelnen Kleidungsstücke in der richtigen Reihenfolge zu sehen. Noch besser ist es, wenn Sie Ihr Kind beim Anziehen der Kleidungsstücke fotografieren.

Es empfiehlt sich, die Kleidung für den kommenden Tag schon am Abend vorher zurechtzulegen. Sie wird in der richtigen Reihenfolge zum Anziehen hingelegt.

3.18.2 Das Kind trödelt im Bad und vergisst den Ablauf

Situation 2

Das Kind trödelt im Bad und vergisst, was es tun soll.

Lösung

Auch hier heißt es: beim Kind bleiben, verbal und mit Karten „anschieben".

Ruhig zeigt der Erwachsene Bild für Bild.

Die für das Badezimmer am besten laminierten Karten zeigen das Kind in Aktivität: beim Auftragen der Zahnpasta auf die Zahnbürste, beim Zähneputzen, beim Waschen, beim Anziehen des Schlafanzuges, usw.

In der Dusche kann eine gezeichnete Menschenfigur aufgehängt werden, bei der die Körperstellen rot markiert sind, die mit Seife zu waschen sind.

Allgemeines

Diese alltäglichen Situationen führen in vielen Familien mit Kindern mit Aufmerksamkeitsstörungen zu großem Verdruss.

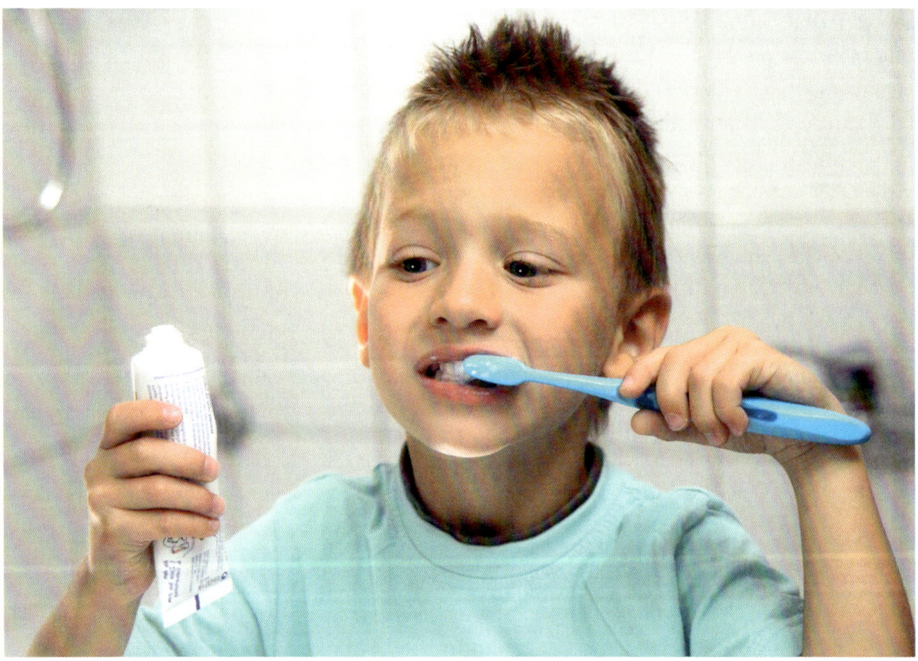

Eltern meinen, das Kind müsse den Ablauf dieser so oft durchgeführten Handlungen doch endlich wissen und sie nach Aufforderung selbstständig und ohne Kontrolle durchführen können.

Das ist aber nicht der Fall.

Bei Kindern mit Aufmerksamkeitsstörungen automatisieren sich diese „langweiligen Dinge" schlecht. Das Denken schweift ab, und ohne die Kontrolle eines Erwachsenen verzetteln sich die Kinder oder beginnen mitten im Ablauf des Anziehens etwas Interessanteres zu spielen.

Da sie ein schlecht ausgeprägtes Zeitgefühl haben, merken sie nicht, wie die Zeit verstreicht. Morgens entsteht dadurch oft Zeitnot und Hetze.

Fotokarten helfen dem leicht ablenkbaren Kind weiterzumachen und gedanklich nicht abzuschweifen. Und sie helfen Ihrer Stimmung.

Ganz ehrlich: wie klingt Ihre Stimme, wenn Sie das Kind zum zweiten oder dritten Mal auffordern, es solle die Zahnpasta auf die Zahnbürste machen? Mit großer Wahrscheinlichkeit klingt die Stimme genervt.

Ihr genervter Ton löst jedoch beim Kind, vor allem beim impulsiven Kind, sofort eine Abwehrreaktion aus – und schon kann die Situation eskalieren ...

Das Deuten auf eine Karte jedoch ist neutral und kann hier wieder gute Dienste leisten.

Eltern von größeren Kindern meinen, das Kind müsse sich doch endlich alleine anziehen können. Das Kind kann das eigentlich auch, lässt sich jedoch so leicht ablenken, dass es von der Tätigkeit ohne die Nähe und Kontrolle eines Erwachsenen überfordert ist.

Das aufmerksamkeitsgestörte Kind ist also viel länger als andere Kinder auf enge Führung und regelmäßige Rückmeldung angewiesen.

3.19 Wutanfälle

3.19.1 Beispiel: Verlassen des Hauses – Vorbereitung

Situation 1

Sie wollen aus dem Haus gehen, das Kind spielt. Sie befürchten einen Wutanfall.

Lösung

Sie kündigen an: „Wir gehen nachher weg, du kannst noch 15 Minuten spielen." Dabei stellen Sie für das Kind gut sichtbar die Eieruhr oder einen Time Timer auf 15 Minuten ein und bitten das Kind darauf zu schauen. Nach 10 Minuten erscheinen Sie wieder beim Kind und sagen: „Noch 5 Minuten".

Nun bleiben Sie in der Nähe des Kindes, also Sie gehen nicht mehr weg! Dann geben Sie die Ansage: „Noch eine Minute" und kurz darauf: „Jetzt."

So kann das Kind sich besser darauf einstellen, dass es mit etwas Schönem aufhören muss.

Mit etwas Glück bleibt der Wutanfall aus.

3.19.2 Beispiel: Verlassen des Hauses – Wutanfall

Situation 2

Die Situation ist bereits eskaliert. Das Kind schreit, benutzt Schimpfwörter (oft auch Fäkalsprache) und/oder zerstört Dinge, manchmal schlägt oder schubst es andere.

Lösung

Gleichmäßig und tief atmen, ruhig bleiben, dem Kind **nicht** in die Augen sehen, **neben** das Kind treten. Mit ruhiger Stimme ankündigen: „Ich bringe dich jetzt an einen ruhigen Ort, da kannst du dich beruhigen."

Dann bringen Sie das Kind an einen Ort, der möglichst wenig äußere Reize bietet, und an dem es sich nicht selbst verletzen und nicht viel kaputt machen kann.

Wenn es möglich ist, ziehen Sie sich und das Kind an und gehen eine Runde um das Haus oder um den Block. Bewegung hilft oft sehr gut bei einem Wutanfall.

Dann hilft nur abzuwarten, bis der Anfall vorüber ist.

Sprechen Sie direkt nach dem Wutanfall auf keinen Fall mit dem Kind darüber, dies könnte einen neuen Wutanfall auslösen.

Sprechen Sie erst am nächsten Tag oder frühestens einige Stunden später mit Ihrem Kind über den Vorfall (siehe auch Kapitel „Konfliktlösung durch Deeskalation", S. 13).

Allgemeines

Die Impulsivität vieler Kinder äußert sich in Wutanfällen.

Das heißt: eine Emotion tritt sehr stark und ungebremst auf, das Kind „entgleitet" und „rastet aus".

Wutanfälle werden durch unterschiedliche alltägliche Situationen ausgelöst. Meistens geht es darum, dass ein Bedürfnis des Kindes nicht sofort befriedigt werden kann, das Kind also warten muss.

Ebenso kann es sein, dass das Kind gerade bei einer angenehmen Tätigkeit verweilt und diese unterbrechen muss.

Planen Sie diese Besonderheit Ihres Kindes in Ihren Tagesablauf ein. Legen Sie Termine deshalb nicht zu dicht nacheinander. So haben Sie einen zeitlichen Puffer für „Unerwartetes".

4 Materialien und Hilfsmittel

Punkteplan

Er lässt sich sehr gut selbst herstellen. Sie malen ihn einfach auf Papier. Lassen Sie Ihrer Fantasie beim Motiv freien Lauf. Die erworbenen Punkte werden ausgemalt oder aufgeklebt.

Soll ein Plan öfters verwendet werden, können Sie ihn auch laminieren und den Plan und die Punkte mit selbstklebendem Klett versehen.

Smiley

Der Smiley ist ein gutes Motiv, um die Stimmung und Kooperationsbereitschaft des Kindes zu verbessern. Sie erhalten ihn im Papiergeschäft als Klebesmiley in verschiedenen Größen oder als kleinen Block.

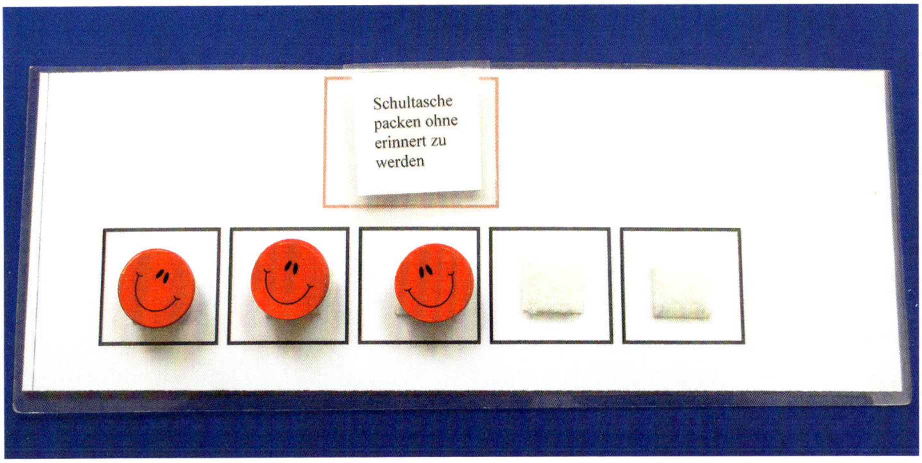

Wenn etwas gut gelaufen ist, können Sie ihn dem Kind als Verstärkung für ein gutes Verhalten geben oder hochhalten. Auch Punktepläne lassen sich damit bekleben.

Fotokarten

Fotokarten können Sie selbst erstellen. Sie fotografieren Alltagshandlungen (z. B. das Kind putzt Zähne, das Kind legt Schmutzwäsche in den Wäschekorb usw.) und drucken diese aus. Zum Thema „Schulranzen packen" fotografieren Sie die Gegenstände, die in den Ranzen müssen. Das hilft vor allem Schulanfängern, die noch nicht lesen können.

Benötigen Sie eine Karte, um das Kind in seiner Impulsivität zu bremsen, so eignet sich ein Foto von einem Stoppschild (z. B. aus der Spielzeugkiste mit der Holzeisenbahn). Auch eine Spielzeugkelle, wie sie die Polizei benutzt, kann gute Dienste leisten.

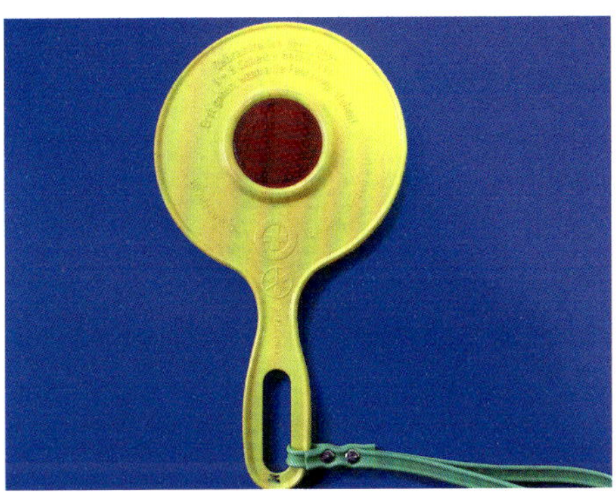

Fotos im Postkartenformat haben eine übersichtliche Größe.

Werden die Fotos oft benutzt, oder im teilweise feuchten Badezimmerbereich verwendet, dann empfiehlt es sich, sie zu laminieren.

Entwickeln Sie von einem Bild gleich mehrere Abzüge. Falls ein Foto im stürmischen Alltag verloren geht, haben Sie dann noch eine Reserve.

Gelbe und rote Karte

Fußballsprache wird immer gut verstanden.

Gelb bedeutet: Verwarnung.

Rot bedeutet: Schluss und Spielende.

Sie können die Karten im Postkartenformat gut aus Buntpapier ausschneiden und danach laminieren. Erstellen Sie auch hier mehrere Exemplare, damit immer eines in der Nähe liegt. Für die Hosentasche oder Handtasche eignen sich Karten in kleiner Größe.

Ballkissen

Das Ballkissen gibt es im Sanitätsfachhandel zu kaufen. Es lässt sich einfach auf den Stuhl legen. Wer auf einem Ballkissen sitzt, kann sich darauf bewegen und schaukeln, bleibt jedoch auf dem Stuhl.

Ursprünglich ist es zum Aufbau von Rückenmuskulatur gedacht. Beim hyperaktiven Kind stillt es den Bewegungshunger etwas.

Vibrationskissen

Das Vibrationskissen wird durch Batterien betrieben und wackelt, wenn Druck auf die Oberfläche ausgeübt wird. Es bietet auf diese Weise einen starken Reiz. Stellt das Kind z. B. die Füße darauf, so kann es durch den starken Reiz eher still sitzen.

Es wird im Sanitätsfachhandel oder von Geschäften mit Artikeln für Kinder mit besonderem Förderbedarf vertrieben.

Time Timer

Der Time Timer ist ein Wecker, der mittels einer roten Scheibe auf die zu verbleibende Zeit eingestellt werden kann. Das Kind sieht also „die Zeit weglaufen".

Er ist zudem sehr leise und tickt kaum hörbar. Deshalb ist er gut geeignet, um Zeitabschnitte mit dem ADS-Kind zu besprechen und einzuteilen.

Küchenwecker und Sanduhren haben beide nicht ganz diese Eigenschaften, sind aber auch geeignet.

5 Schlusswort

„Liebe Eltern und Angehörige von ADS-/ADHS-Kindern!

Ich hoffe, ich konnte Ihnen für den täglichen Umgang mit Ihren Kindern einige wertvolle und praxisbezogene Hinweise und Hilfestellungen geben – das war mein Anliegen, als ich dieses Buch begonnen habe zu schreiben.

Bitte wählen Sie sich aus den Vorschlägen das aus, was zu Ihnen passt. Familien sind individuell sehr unterschiedlich. Wenn also eine Idee bei Ihnen im Alltag nicht funktioniert, dann nehmen Sie einfach eine ähnliche oder andere Idee.

Und bitte denken Sie daran: das Wesentliche ist eine gute Beziehung zu Ihrem Kind!

Ich wünsche Ihnen von Herzen: „Gutes Gelingen und viel Freude mit Ihrem Kind!"

6 Danksagung

An dieser Stelle bedanke ich mich bei allen, die mich zu diesem Buch inspiriert haben.

Ich danke meinen Eltern, die schon viele Jahre meinen Weg begleiten und immer Interesse an meinen neuesten beruflichen Ideen haben.

Ich danke meinen Freunden, die so viele Gespräche über Gott und die Welt und auch meine Arbeit mit mir führen und mich unterstützen.

Herzlichen Dank an meine Freunde, die beharrlich auf meine Potentiale hinwiesen und somit dieses Buch ins Rollen brachten.

Ich danke meiner Lehrerin Dr. Rosina Sonnenschmidt.

Ich danke meiner langjährigen Freundin Birgit Tochtermann, die als Lektorin mit ihren Ideen maßgeblich zum Gelingen dieses Buches beigetragen hat.

Herzlichen Dank an Ralf Wolf für seine kompetente Unterstützung im Bereich EDV.

Ich danke all meinen Kontaktpersonen aus dem medizinischen und pädagogischen Bereich für den lehrreichen Austausch.

Vielen Dank für die kompetente und sorgfältige Unterstützung durch Jörg Tochtermann und den anderen Mitarbeitern des Hofmann-Verlages.

Ich danke meinen Patienten und Klienten, die seit über 30 Jahren meine Lehrer sind und viel Geduld mit mir haben.

Und vor allem danke ich meiner göttlichen Quelle, die mich nährt, mir Kraft und Energie schenkt und mich inspiriert.

7 Abbildungsverzeichnis

Titelbild	fotolia.de © nsphotography
Foto S. 9	fotolia.de © Robert Kneschke
Foto S. 11	fotolia.de © Köpenicker
Foto S. 13	fotolia.de © K. C.
Foto S. 15	fotolia.de © Africa Studio
Foto S. 21	fotolia.de © contrastwerkstatt
Foto S. 26	fotolia.de © Countrypixel
Foto S. 27	fotolia.de © volurol
Foto S. 31	fotolia.de © Alena Ozerova
Foto S. 33	fotolia.de © Syda Productions
Foto S. 35	fotolia.de © diego cervo
Foto S. 40	fotolia.de © tunedin
Foto S. 43	fotolia.de © photophonie
Foto S. 45	fotolia.de © nadezhda 1906
Foto S. 49	Andrea Hegener
Foto S. 55	fotolia.de © Robert Kneschke
Foto S. 59	Andrea Hegener
Foto S. 60	fotolia.de © sabine hürdler
Foto S. 61	fotolia.de © st-fotograf
Foto S. 63	fotolia.de © zlikovec
Foto S. 64	Andrea Hegener
Foto S. 65	Andrea Hegener
Foto S. 66	Andrea Hegener